Henry B. Veatch

O Homem Racional

Henry B. Veatch

O Homem Racional

Uma interpretação moderna da ética Aristotélica

Prefácio e Bibliografia comentada
Douglas B. Rasmussen

Tradução
Eduardo Francisco Alves

O Homem Racional by Henry B. Veatch.
Copyright © 1962 by Indiana University Press.
Direitos de tradução para o português cedidos pelo editor em língua inglesa, Indiana University Press.

Rational Man by Henry B. Veatch.
Copyright © 1962 by Indiana University Press.
Portuguese-language translation rights licensed from the English-language publisher, Indiana University Press.

Editor
José Mario Pereira

Editora assistente
Christine Ajuz

Projeto gráfico e capa
Victor Burton

Revisão
Clara Diament

Índice remissivo
Joubert de Oliveira Brízida

Editoração e fotolitos
Arte das Letras

Gerente do programa editorial em português do Liberty Fund, Inc.
Leônidas Zelmanovitz

Todos os direitos reservados pela
TOPBOOKS EDITORA E DISTRIBUIDORA DE LIVROS LTDA.
Rua Visconde de Inhaúma, 58 / gr. 203 — Rio de Janeiro — RJ
CEP: 20091-000 Telefax: (21) 2233-8718 e 2283-1039
www.topbooks.com.br / topbooks@topbooks.com.br

Impresso no Brasil

Sumário

Prefácio 11
Uma bibliografia comentada das obras mais importantes
    de Henry B. Veatch, em ordem cronológica 23
Introdução 31
    I – Em busca de conhecimento ético 41
    II – A vida examinada: de volta a Sócrates e Aristóteles 75
    III – Por que não encarar a moral e a ética
        simplesmente como uma arte de viver? 111
    IV – Por que a moral e a ética não são eles
        simplesmente uma arte de viver? 137
    V – Fracasso e infelicidade: são eles de nossa
        própria responsabilidade? 161
    VI – Má sorte e a força das circunstâncias como
        as causas do fracasso 195
    VII – Mas e se Deus morreu? 223
    VIII – O existencialismo e as afirmações do
        homem irracional 251
Sumário analítico 269
Índice remissivo 275

Para J. S. V. e E. W. F. V.

*na esperança de que algum dia
"vejam com seus olhos,
ouçam com seus ouvidos
e entendam com seus corações"*

Prefácio

O *Homem Racional*, publicado em 1962, traz a ética aristotélica de volta à vida para o leitor contemporâneo. Seu autor, Henry Babcock Veatch, foi um importante neo-aristotélico do século XX. Nascido em Evansville, Indiana, em 1911, Veatch estudou na Universidade de Harvard, onde fez seu doutorado, em 1936. Seu mentor em Harvard foi John Wild, e ele foi influenciado por dois neotomistas do século XX, Jacques Maritain e Etienne Gilson. Veatch ensinou durante vinte e oito anos na Universidade de Indiana, durante oito anos na Northwestern University e durante mais de dez anos na Universidade de Georgetown. Veatch foi um escritor prolífico, um professor notável, um debatedor muito hábil e, acima de tudo, um filósofo perspicaz. Em diferentes ocasiões, foi presidente tanto da American Philosophical Association (Divisão Oeste) quanto da American Catholic Philosophical Association. Para os que o conheciam, Veatch era um homem de energia, bom humor e amabilidade. Mais do que tudo, era um cavalheiro. Aposentou-se em 1983, mas permaneceu filosoficamente ativo ao longo de seus anos de aposentadoria. Morreu em 1999. Por ocasião de sua aposentadoria da Universidade de Georgetown, foi publicado um *Festschrift*.*

Veatch foi um rematado aristotélico, mas qualquer pessoa familiarizada com sua obra podia ver imediatamente que ele era versado nos mais recentes temas da filosofia contemporânea. Veatch ficou famoso pela defesa de seu aristotelismo contra as modas filosóficas contemporâneas. De fato, *O Homem Racional* é apenas uma de uma série de obras nas quais Veatch contestou muitas das crenças predominantes de sua época, especialmente as da filosofia anglo-americana. Os interessados em outros livros e artigos importantes de Veatch talvez queiram consultar a bibliografia comentada que se segue a este prefácio. Essas obras revelam um pensador com um olho arguto para o que é filosoficamente crucial e um filósofo preocupado com a verdade das coisas — e não com os últimos estilos intelectuais.

O Homem Racional é, no entanto, a mais destacada de todas as obras de Veatch; ela realiza algo que é quase impossível se conseguir. Envolve tanto o especialista quanto o principiante. Ambos podem ler e tirar proveito desta obra. Nestas páginas há erudição e sofisticação filosófica substanciais, mas a obra nunca é seca ou pesada. O conhecimento filosófico de Veatch não atrapalha a mensagem. Os argumentos são claros; a leitura é animada; e os exemplos são numerosos, particularmente os tirados da literatura.

Os argumentos de Veatch em *O Homem Racional* não apenas conflitavam com diversos pontos de vista filosóficos predominantes de sua época mas também continuam em conflito com muitos

---

* *Edição comemorativa* (em alemão, no original) (N. do T.). Rocco Porreco, org., *The Georgetown Symposium on Ethics: Essay in Honor of Henry Babcock Veatch* (Lanham, Md: University Press of America, 1984).

dos atuais. Seus argumentos buscavam fundamentar três afirmações: (1) o conhecimento ético é possível; (2) o conhecimento ético está entranhado na natureza humana; e (3) o objetivo da ética é mostrar ao ser humano individual como chegar ao "auto-aperfeiçoamento", que era o modo de Veatch escrever sobre *eudaimonia* em teoria moral aristotélica. Além do mais, essas afirmações morais eram defendidas sem apelo à revelação religiosa, mas baseadas somente "no que costumava ser conhecido como a luz natural da razão". Veatch foi um defensor do que é comumente chamado de "teoria moral da lei natural"; para ele, entretanto, essa teoria não devia ser confundida com o que hoje se chama de "teoria do mandado divino". Conseqüentemente, a ética se baseia nas exigências para o desenvolvimento moral humano – o que Veatch e outros chamam de "auto-aperfeiçoamento" – e nunca meramente no que é ordenado por uma divindade. Isso não significa, no entanto, que ética e religião fossem necessariamente incompatíveis para Veatch; antes, significa apenas que O *Homem Racional* é simplesmente um livro sobre "ética sem religião".

A utilização, por Veatch, dos termos "auto-aperfeiçoamento", "perfeição" e "perfeito" pode não ser familiar aos leitores contemporâneos. "Perfeito" vem do latim *perfectus* e seu equivalente grego *teleios*. *Perfectus* implica que uma coisa foi completada ou terminada; isso envolve a idéia de uma coisa ter uma natureza que é seu fim (*telos*) ou função (*ergon*). Assim, deveria ficar claro que, quando Veatch falava de "aperfeiçoar" a si mesmo, ele não queria dizer que a pessoa devia tornar-se como Deus, imune à degeneração ou incapaz de causar dano. Antes, é realizar aquelas potencialidades e capacidades que o tornam plenamente humano.

Devemos determinar como Veatch compreende a lei natural. Talvez o melhor modo de fazê-lo seja ponderar uma das citações preferidas de Veatch, que se encontra nos textos do teólogo elisabetano Richard Hooker. A caracterização de Hooker da lei geral encontra-se em sua obra clássica *Das Leis do Estado Eclesiástico*.

> Aquilo que confere a cada coisa a sua qualidade, aquilo que lhe modera a força e o poder, aquilo que lhe determina a forma e a medida de funcionamento, chamamos a isso *Lei*.

Para Veatch, o conceito de "lei natural" baseia-se na idéia de que a natureza de uma coisa é não apenas aquilo em virtude do que uma coisa age ou funciona à sua maneira, mas é também o padrão ou medida em termos dos quais julgamos se a ação ou o funcionamento da coisa são tudo o que ela devia ou poderia ter sido. É o padrão em termos do qual julgamos se ela está funcionando bem ou adequadamente. Em outras palavras, achamos não apenas que as coisas, especialmente os seres humanos, têm uma natureza que governa como eles agem ou se comportam, mas também que a realização ou aperfeiçoamento de sua natureza é o seu fim ou função.

Geralmente, achamos que os artefatos humanos têm uma função própria. Por exemplo, a função própria da faca é cortar. Afirmar, no entanto, que uma coisa tem uma função *natural* é afirmar que uma entidade tem uma função própria devido ao que ela é, e não por ter sido projetada por alguém para uma certa atividade. Nesse caso, "própria" significa "essencial à entidade". Uma entidade que realiza sua função própria é uma entidade que funciona bem ou excelentemente – de fato, como diriam os antigos gregos, com *arête*, que era o termo deles para "virtude". A afirmação de que uma entidade tem uma função natural, no entanto, não pára por aqui. Ela se apóia na afirmação adicional de que uma entidade tem um fim em vista do que ela é. Assim, a função natural de uma coisa é determinada devido ao seu fim natural. Neste contexto, "fim" significa "aquilo-em-nome-do-quê"; não significa necessariamente "propósito consciente". Ética da lei natural é em última análise, para Veatch, uma ética do fim natural.

Muitos membros da comunidade intelectual moderna afirmam que acreditar em fins ou funções naturais ultrapassa os limites filosóficos, como também os científicos. A teologia está ultrapassada nestes tempos científicos. Veatch afirmou, no entanto, que não se pode inferir que absolutamente não há fins naturais apenas porque a metodologia científica contemporânea não tem lugar para eles. Mais ainda, ele afirmou que os fins naturais não são facilmente eliminados. Ao longo de O Homem Racional, Veatch sugere que os fins naturais são parte de nossa compreensão comum e de bom senso do processo de transformação. Além disso, mais para o fim de sua carreira, Veatch passou a acreditar que os novos avanços na teoria biológica e evolucionista apontavam para a idéia de que as coisas vivas possuem um irredutível potencial para seu estado maduro que não pode ser explicado apenas apelando-se para a química e a física. O reducionismo era, para ele, teoricamente frágil. Em outras palavras, a biologia contemporânea apóia a idéia de funções ou fins naturais para as coisas vivas; a teoria evolucionista, portanto, precisa ser vista em conflito apenas com uma concepção *antropomórfica* de teleologia.

Independentemente de como a teleologia natural pudesse ser defendida, Veatch afirmou que existem fins naturais. Existem pelo menos alguns modos de ser que são inerentemente valiosos ou bons — especificamente, aqueles que constituem a perfeição da natureza de uma coisa viva — e, quando esses modos de ser são materializados por escolha, eles são dignos de serem escolhidos e são a base para a ética. Na linguagem de seu tempo, Veatch sustentou que nem todos os fatos são desprovidos de valor. Ele afirmou, no capítulo "Mas e se Deus Morreu" de *O Homem Racional* que a bondade é, *pace** G. E. Moore, "definível". De acordo com Veatch, podemos dizer o que é bondade [qualidade de bom] para um ser humano, e podemos fazê-lo entendendo o nosso fim natural. Alcançar o nosso fim natural é o nosso bem extremo. Veatch, assim, contestava o conceito mesmo da chamada falácia naturalista, que era (e é) o próprio cerne ou paradigma do que se costumava chamar ética "analítica". A obra posterior de Veatch, *Por uma Ontologia da Moral*, explorava essas questões em ainda maiores detalhes.

A questão central em *O Homem Racional* é, não obstante, a afirmação de que nossa natureza como seres humanos pode nos servir de orientação quanto a como deveríamos conduzir as nossas vidas. A abordagem de Veatch a essa questão certamente pertence à tradição ética da lei natural; ao longo de seus textos, ele se opôs tanto a uma ética baseada no desejo quanto a uma ética baseada no dever. Sua abordagem é também marcadamente diversa, em alguns respeitos, da tradição da lei natural ou, pelo menos, de como essa tradição é muitas vezes percebida. O modo mais direto de avaliar essas diferenças e, assim, localizar Veatch na tradição da lei natural é considerar o que ele teve a dizer sobre as seguintes perguntas: Qual é nosso bem humano? E como fazemos para atingi-lo?

---

* Preposição latina, tem o mesmo significado de *data venia* e se usa, nesse tipo de discurso, querendo dizer "com o devido respeito a" (N. do T.).

A resposta de Veatch a essas perguntas se apoiava em Aristóteles. Nosso bem é o que Aristóteles chamava de *eudaimonia*. Embora a tradução tradicional desse termo seja "felicidade", Veatch costumava chamá-lo simplesmente de "viver racional ou inteligentemente". Em sua carreira ulterior, ele adotou a expressão "florescimento humano". Para Veatch, o bem humano nunca é meramente fazer o que bem se quiser. E, no entanto, a resposta de Veatch também divergia da de Aristóteles. Veatch opôs-se à afirmação de Aristóteles, encontrada nos capítulos sete e oito do Livro X da *Ética a Nicômaco*, de que o bem humano consiste precisamente em uma vida de contemplação (*theoria*) – ou seja, na busca do conhecimento pelo conhecimento. Em vez disso, Veatch escolheu seguir a afirmação de Aristóteles no Livro I da *Ética*. Nosso bem humano é "a vida prática de um homem que possui razão". Ele consiste em nosso viver de acordo com um "princípio racional", e "princípio racional", por sua vez, deve ser entendido amplamente como inteligência: inteligência que pode ser aplicada à arte, ao ofício, à ciência, à filosofia, à política ou a qualquer área do esforço humano. Esse viver incluiu capacidades possuídas por outros animais, como as para o prazer e a saúde, como muitas outras coisas também. Nossa característica distintiva, nossa capacidade de raciocinar e escolher, caracteriza a *modalidade* por meio da qual o desenvolvimento dessas outras faculdades será bem-sucedido.

O motivo de Veatch para divergir de Aristóteles é significativo e revelador.

> A base para nossa discordância é simplesmente nossa inabalável convicção de que viver não é pelo bem do conhecimento, mas sim que é para um viver inteligente que todos os nossos poderes e capa-

cidades em última análise se dirigem, incluindo nossos poderes de conhecimento, e que é o próprio homem que conta mais do que todo o seu conhecimento, por maior que esse último possa ser.

Bens básicos, como o conhecimento, são pelo bem da realização dos seres humanos individuais; mas os indivíduos não são pelo bem da obtenção de bens básicos. Em última análise, o que importa é o aperfeiçoamento do ser humano individual, e não o raciocínio despersonificado. Nosso legítimo fim ou bem consiste, Veatch enfatizou, "em *viver* inteligentemente".

De acordo com isso, o florescimento humano não é, para Veatch, uma atividade "predominantemente" isolada, que reduz todas as outras atividades a mero valor utilitário. É, em vez disso, um modo de viver que é uma atividade "inclusiva". Ela abrange bens básicos como conhecimento, saúde, amizade, criatividade, beleza e prazer. Conseguir esses bens é tanto produtivo quanto expressivo do florescer humano. Eles têm, assim, valor não como meros meios para o florescimento humano, mas como realizações parciais desse florescimento. O processo inteiro exige a virtude intelectual da sabedoria prática — o que Aristóteles chamava *phronēsis* — e o desenvolvimento de disposições morais racionais, ou virtudes morais.

Para Veatch, a sabedoria prática é *a* virtude intelectual. Ela nunca é meramente esperteza ou raciocínio do tipo meios-fim. Antes, é a capacidade do indivíduo, no momento da ação, de discernir em circunstâncias particulares e contingentes o que moralmente se exige. A sabedoria prática é o gerenciamento inteligente da própria vida, de forma que todos os bens necessários são coerentemente alcançados, mantidos e desfrutados de uma maneira que é adequada para o ser humano individual.

Henry B. Veatch

As virtudes morais são o que forma o caráter moral da pessoa. Elas dizem respeito ao uso e ao controle das próprias emoções. Seu objetivo, segundo Veatch, é ajudar a criar uma harmonia entre o que se deveria desejar e o que de fato se deseja. Virtudes como integridade, coragem, temperança e honestidade, dessa forma, ajudam o indivíduo a usar a sabedoria prática para fazer as escolhas certas. No entanto, o florescimento humano compreende mais do que apenas fazer escolhas certas. O florescimento humano é a concretização do *desejo racional*. Escolher corretamente alguma coisa não é algo separado do desejo. A sabedoria prática e a virtude moral devem trabalhar juntas, de forma a que o ser humano individual aja com desejo racional – isto é, onde suas emoções e seu intelecto são uma coisa só. Esse é um modo de ser e uma questão de caráter. Só ocorre quando se puder dizer de uma pessoa, intercambiavelmente: "Ele está fazendo o que devia fazer" e "Ele está fazendo o que quer fazer".

À autêntica moda aristotélica, Veatch não achava que era função da sabedoria prática desenvolver regras universais *a priori* que ditam ou *o* equilíbrio adequado (ou tomada de peso, ponderação) de bens básicos ou *a* reação emocional adequada a uma situação. A situação contingente, as circunstâncias particulares e o ele- ou ela-próprio individuais são sempre fatores relevantes na determinação da escolha certa. O que para Veatch era claro era que a vida ética exige que os indivíduos conheçam a si mesmos e a suas situações e descubram a reação emocional e o equilíbrio adequados *por si próprios*. Afinal de contas, Aristóteles de fato falou do "meio-termo relativo a nós".

A ênfase de Veatch no indivíduo também tinha uma outra dimensão. O florescimento humano deve ser alcançado por meio de esforço próprio e não pode ser o resultado de fatores que estão além do nosso controle. O florescimento humano é, como Veatch observaria em uma de suas obras tardias, "um serviço do tipo faça-você-mesmo". Não existe nenhum auto-aperfeiçoamento se o ser humano individual não for o agente. De fato, a sabedoria prática não funciona sem esforço ou empenho por parte do indivíduo. Isso não tem nada de automático. A virtude moral leva ao caráter, e o caráter deve ser desenvolvido por meio da prática de atividades moralmente virtuosas.

A ênfase de Veatch no indivíduo colocou-o em conflito tanto com a abordagem da ética baseada na regra utilitária quanto com a noção kantiana de "universalizabilidade". Para Veatch, não se pode tentar desenvolver regras ou princípios éticos que tratem os indivíduos como intercambiáveis, como se a individualidade moralmente não importasse. O indivíduo faz mesmo diferença moral. A abordagem de Veatch à ética nos anos 1960 estava, de muitos modos, preparando o mundo filosófico para as críticas ao impessoalismo que só chegariam no final do século XX. *O Homem Racional* foi, de diversas maneiras, um precursor do que filósofos morais posteriores chamariam de "ética da virtude".

Veatch afirmou em *O Homem Racional* que um apelo à natureza humana proporciona ao leitor contemporâneo um conhecimento dos bens básicos do florescimento humano, uma consciência do papel central da sabedoria prática e da virtude moral e um apreço da importância da escolha individual. E, no entanto, esse apelo nunca fornece uma receita pela qual se possa orientar a própria conduta. Não se pode determinar o que se deveria fazer meramente apelando para uma compreensão abstrata do florescimento humano. A ética não é uma arte de poltrona. Desse modo, a ética aristotélica de Veatch se opõe fundamentalmente a esse tipo de racionalismo ético.

De um modo vívido e mordaz, Veatch buscou reabilitar a tradição da lei natural, demonstrando que o conhecimento ético pode se basear na natureza humana sem exigir a adoção de uma abordagem de conduta humana do tipo "tamanho-único". O florescimento humano não é algo monístico ou simples, e é sempre o bem *para* um indivíduo ou outro. Veatch levou em consideração diferentes ponderações de bens básicos, sem supor que a natureza humana é irrelevante para o conhecimento ético. Ele assim ocupou o terreno entre Germain Grisez e John Finnis (e os chamados novos teóricos da lei natural, os quais afirmam que a ética não exige nenhum fundamento ontológico) e os teóricos da lei natural de mentalidade mais tradicional (em geral filósofos neo-escolásticos), os quais aparentemente achavam que se podia "ler o rol" da linha de conduta correta a partir de uma análise da natureza humana apenas. Veatch foi certamente um defensor da ética da lei natural, mas sua compreensão dela era sutil e nuançada.

Em *O Homem Racional*, Veatch enfrentou de cabeça aqueles que buscavam basear o conhecimento ético apenas em um apelo aos desejos ou ao dever pelo dever. O bem humano tem de ser mais do que fazer meramente o que sentimos vontade de fazer, e a ética deve fazer alguma diferença com relação a como levamos nossas vidas. Se ela não faz nem uma coisa nem outra, então, muito simplesmente, por que nos incomodarmos com ética? Apesar de seu *status* acadêmico, essas abordagens da ética realmente não têm nada a oferecer ao homem ou à mulher comuns que estão tentando descobrir uma vida que valha a pena ou que, pelo menos, estão tentando não meter os pés pelas mãos.

Veatch confrontou vigorosamente os que acreditavam que uma justificativa para a liberdade e a tolerância podia ser encontrada rejeitando-se todos os padrões morais. Ele observou que o fascismo de Mussolini era uma inferência a partir da rejeição de padrões morais tão legítima quanto qualquer apelo pela liberdade humana. Ele deixou claro o gritante *non sequitur** em todas as tentativas de recomendar uma linha de conduta a partir da premissa de que "nenhuma linha de ação é realmente superior a qualquer outra". Ele também fez a observação de que, na medida em que os seres humanos escolhem uma linha de conduta em vez de outra, manifestam uma preferência que é incompatível na prática com a rejeição de todos os padrões morais. As críticas de Veatch à maior parte do pós-modernismo são igualmente cortantes.

Ao contrário de boa parte do pensamento predominante, *O Homem Racional* não foi escrito explicitamente como uma resposta polêmica a *O Homem Irracional* (1958), de William Barrett, que teve amplo público leitor. Veatch estava preocupado em mostrar, tirando a poeira dos *insights* da teoria realista aristotélica, que os seres humanos têm de fato uma alternativa a serem irracionais e que não enfrentam uma existência absurda e sem sentido. Realista filosófico que era, Veatch afirmou que existem um sentido e um significado para as coisas, e que a mente humana pode conhecer esse significado. Conhecer isso não exige que se seja como Deus ou incapaz de erro. No entanto, exige de fato encarar aberta e honestamente a si próprio, e ao mundo, e engajar-se inteiramente naquele exame que Sócrates recomendou tanto tempo atrás.

Douglas B. Rasmussen
2002

---

* Falsa conclusão; latim (não se segue (que)...) (N. do T.).

Uma bibliografia comentada das obras mais importantes de Henry B. Veatch, em ordem cronológica

Livros

Intentional Logic: a logic based on philosophical realism
New Haven, Conn.: Yale University Press, 1952

Essa obra de grande força é fundamental para o pensamento de Veatch e é pelo menos tão relevante hoje quanto quando de seu surgimento. Essa obra trata a lógica como Aristóteles tratou – a saber, como um *organon*, isto é, como uma ferramenta para o conhecimento. Ela contesta muitas das posições contemporâneas encontradas na filosofia analítica com respeito à natureza da lógica. Desde temas pertinentes ao caráter e às relações de formas lógicas até a alegada primazia da explicação analítico-sintética de proposições, esse livro afirma que o não conseguir entender o caráter intencional da lógica reside no próprio cerne de muitas das confusões e problemas básicos da filosofia analítica contemporânea.

Realism and Nominalism Revisited
Milwaukee: Marquette University Press, 1954

Essa obra coesamente argumentada e claramente escrita foi a palestra sobre Tomás de Aquino para 1954 na Universidade

Marquette. Veatch opôs-se às caracterizações da lógica de Gottlob Frege e de W. V. O. Quine, e acusou ambos de ressuscitarem o antigo "problema dos universais" – um problema que, para Veatch, tinha sua solução no "realismo moderado" de Tomás de Aquino.

LOGIC AS A HUMAN INSTRUMENT
Com Frank Parker. Nova York: Harper & Row, 1959

Essa é uma obra para uso em sala de aula como texto de lógica, mas que utiliza *insights* de *Intentional Logic* para explicar conceitos, proposições e argumentos. A discussão, no capítulo I, sobre a natureza dos signos é muito importante para se entender não apenas o pensamento de Veatch mas também o realismo filosófico em geral. A discussão da explicação aristotélica da indução, em oposição à explicação milliana, é muito instrutiva com respeito a algumas das questões centrais do chamado problema da indução.

RATIONAL MAN: *A Modern Interpretation of Aristotelian Ethics*
Londres e Bloomington: Indiana University Press, 1962. Traduzido por J. M. Garcia de la Mora como *Ética del ser racional*. Barcelona, 1967

TWO LOGICS: *The Conflict between Classical and Neo-analytic Philosophy*
Evanston, Ill.: Northwestern University Press, 1968

Veatch afirmava que a visão neo-analítica de conceitos e proposições não consegue proporcionar um conhecimento do que as coisas são, enquanto a visão neo-aristotélica de conceitos e proposições pode proporcionar esse conhecimento. De alguns modos, a discussão de Veatch da filosofia neo-analítica antecipou o desconstrucionismo de Stanley Fish e Richard Rorty. Há também importantes discussões sobre as diferenças entre saber científico e saber humanista, o que o essencialismo é e não é e a importância do falibilismo.

For an ontology of morals: a critique of contemporary ethical theory
Evanston, Ill.: Northwestern University Press, 1968

Essa obra importante e sofisticada faz três coisas: (1) sustenta que a ética neo-analítica e existencialista não nos deixa outro recurso senão o niilismo ético; (2) afirma que o dispositivo filosófico kantiano, a opção transcendental, em última análise, não dá nenhuma ajuda aos analíticos e existencialistas; e (3) defende a tese de que apenas uma opção ontológica em ética pode evitar o niilismo ético. A terceira tese envolve uma fascinante explicação do bem como uma propriedade objetiva e natural, mas também subseqüente e relacional, bem como a ética do utilitarismo e do dever kantiano.

Intentional logic: a logic based on philosophical realism, 1970
Reedição integral, da Archon Books, Hamden, Conn.

Aristotle: A Contemporary Appreciation
Londres e Bloomington: Indiana University Press, 1974

Veatch foi um lúcido e versado mentor de Aristóteles, e nunca tanto quanto nessa obra, que nos dá explicações maravilhosamente claras da doutrina de Aristóteles das quatro causas, da alma, do ser enquanto ser, bem como discussões introdutórias da *Ética*, da *Política* e da *Poética* de Aristóteles. Veatch afirmava que Aristóteles é o filósofo do bom senso *par excellence*.

Human Rights. Fact or Fancy?
Baton Rouge e Londres: Louisiana State University Press, 1985

Essa obra afirma que somente uma ética da lei natural que se baseie em teleologia pode fornecer uma base para direitos naturais; nem uma ética do desejo nem uma ética do dever serão suficientes. A concepção de Veatch dos direitos básicos à vida, liberdade e propriedade é negativa, e não positiva. Mais ainda, Veatch sustentava que o bem comum da comunidade política tem de ser autenticamente bom para cada indivíduo. Assim, o que o estado podia alegar ser sua função em nome do bem comum ficava seriamente limitado, uma vez que o bem humano, para Veatch, nunca era alguma forma "platônica".

Swimming against the Current in Contemporary Philosophy: Occasional Papers and Essays
Estudos em Filosofia e História da Filosofia, vol. 20, org. Jude P. Dougherty. Washington, D.C.: Catholic University Press of America, 1990

Essa coletânea inclui muitos dos artigos mais importantes de Veatch, especialmente dos anos 1980. Os pontos de vista de filósofos contemporâneos como Quine, Rorty, Alan Donagan e Alan Gewirth entram com algumas críticas importantes. Há também discussões sobre o princípio de universalizabilidade, razão correta, egoísmo ético, direitos naturais e teoria política libertária. Finalmente, há ensaios sobre o valor do aprendizado humanista e ensaios contestando John Finnis e os "novos teóricos da lei natural".

Artigos seletos

"Concerning the Ontological Status of Logical Forms"
Review of Metaphysics 2 (1948): 40-64.

"Aristotelian and Mathematical Logic"
The Thomist 13 (1950): 50-96.

"In Defense of the Syllogism"
Modern Schoolman 26 (1950): 184-202.

"Basic Confusions in Current Notions of Propositional Calculi"
The Thomist 14 (1951): 238-258.

"Discussion: Reply to Professor Copi"
Philosophy and Phenomenological Research 11 (1951): 373-375.

"Formalism and/or Intentionality in Logic"
Philosophy and Phenomenological Research 11 (1951): 348-365.

Os artigos precedentes expressam, de diferentes modos, e às vezes em maior detalhe do que a *Intentional Logic*, a natureza da objeção de Veatch à chamada lógica matemática.

"On Trying to Say and Know What's What"
Philosophy and Phenomenological Research 24 (1963): 83-96.

"The Truths of Metaphysics"
Review of Metaphysics 17 (1964): 372-395.

"St. Thomas and the Question 'How are Synthetic Judgements a Priori Possible?'"
Modern Schoolman 42 (1965): 239-263.

Os artigos precedentes dedicam-se a um tema corrente da carreira filosófica de Veatch — a saber, a diferença entre a concepção da proposição no pensamento aristotélico e a da filosofia analítica contemporânea. Vale a pena ler esses artigos, se não por outro motivo, para apreciar os movimentos dialéticos de Veatch.

"Non-cognitivism in Ethics: A Modest Proposal for Its Diagnosis and Cure"

Ethics 76 (1966): 102-116.

Esse ensaio apresenta uma crítica do "argumento da questão aberta", de G. E. Moore e uma discussão clara da alegação de Veatch de que o bem é uma propriedade natural, mas superveniente e relacional.

"Kant and Aquinas: A Confrontation on the Contemporary Meta-ethical Field of Honor"

New Scholasticism 48 (1974): 73-99.

Essa obra discute como Tomás de Aquino achou possível que o bem fosse um objeto de desejo e assim determinar a vontade à maneira de motivos que servem para garantir ou justificar escolhas.

"The Rational Justification of Moral Principles: Can There Be Such a Thing?"

Review of Metaphysics 29 (1975): 217-238.

Esse ensaio considera a pergunta "Por que ser moral?" e afirma que nenhuma ética do dever nem uma ética com base no desejo podem dar uma resposta satisfatória. Mas se o bem é um aspecto objetivo das coisas no mundo real e também o objeto de desejos e interesses, então podemos ter tanto uma razão quanto uma motivação para sermos morais.

"On the Use and the Abuse of the Principle of Universalizability"

Proceedings of the American Catholic Philosophical Association 51 (1977): 162-170.

Essa obra distingue o princípio de universalizabilidade de suas interpretações imparciais e altruístas.

"Is Kant the Gray Eminence of Contemporary Ethical Theory?"
Ethics 90 (1980): 218-238.

A influência de Kant na ética contemporânea é exposta nessa obra como sendo a fonte do paradigma egoísmo-altruísmo. E, também, a visão de Tomás de Aquino de agência racional é contrastada com a de Kant.

"A Non-Cartesian Meditation upon the Doctrine of Being in the Aristotelian Metaphysics"
In Graceful Reason: Essays in Ancient and Medieval Philosophy Presented to Joseph Owens, CSSR, Lloyd P. Gerson, org., 75-100. Papers in Mediaeval Studies 4. Toronto: Pontifical Institute of Mediaeval Studies, 1983.

Esse ensaio apresenta uma explicação profunda de essência e substância na metafísica de Aristóteles. Ele também demonstra como a concepção de lógica usada pela maioria dos filósofos contemporâneos os impede de compreender o *insight* central da metafísica de Aristóteles — a saber, que coisas individuais podem efetivamente *ser* o que são em oposição a terem sua natureza determinada por algum *tertium quid*.

"Modern Ethics, Teleology and Love of Self"
The Monist 75 (1992): 52-70.

Esse ensaio apresenta uma argumentação demonstrando como uma ética de amor-próprio, se concebida teleologicamente, pode ser universalizável, mas não impessoal ou de agente neutro.

Introdução

Alguns anos atrás foi publicado um livro interessante, intitulado *O Homem Racional*. A intenção do autor, sr. William Barrett, não era demonstrar que os seres humanos são de fato irracionais boa parte do tempo, talvez a maior parte do tempo. Todo mundo tem uma consciência tão nítida disso há tanto tempo, que não seria preciso escrever um livro a respeito. O propósito do sr. Barrett, no entanto, era demonstrar que o homem não tem alternativa salvo a de ser irracional, uma vez que a situação em que os seres humanos se encontram é essencialmente absurda e sem sentido. Ser racional pressupõe que se possa encontrar algum sentido e significado nas coisas. Mas e se as coisas não tiverem sentido ou significado, como é que fica?

A intenção do presente ensaio em nenhum sentido é polêmica, particularmente com relação ao sr. Barrett. Mas temos o direito de perguntar, antes de nos decidirmos pelo irracionalismo: "O que a alternativa de tentar viver racional e inteligentemente realmente significa? Como é ser racional?" A fim de responder a essa pergunta não se precisa recorrer à sua própria e fraca experiência; caso se seja feliz o suficiente (ou presunçoso o suficiente) para contar com sua própria experiência, dificilmente será uma experiência nova ou original. Todos nós, que somos produtos da cultura ocidental, consciente ou inconscientemente fomos à escola com os gregos, com Sócrates, Platão e Aristóteles.

O que se segue, portanto, é uma exposição da ética do homem racional, uma ética que deve sua inspiração e articulação em grande parte à *Ética a Nicômaco*, de Aristóteles. Mas este livro não é nenhum tratado acadêmico. Os eruditos acadêmicos modernos, no campo da filosofia grega, podem ficar horrorizados com o modo altivo e descuidado com que noções vagamente reminiscentes do Estagirita* foram aqui misturadas e torcidas, podadas e ampliadas. Por isso o autor não pede desculpas. Seu propósito foi não o de expor Aristóteles, mas sim o de usá-lo em um esforço moderno para apresentar e justificar um sistema racional de ética. Qualquer um que tenha lido a *Ética* de Aristóteles deve ter se perguntado como aqueles *insights* e conselhos éticos que foram tão relevantes para a Atenas do século IV se aplicariam à situação cultural e moral dos tempos atuais. O que significariam os preceitos de Aristóteles – ou de Sócrates e Platão –, como eles se adequariam e o que acarretariam se alguém buscasse viver, hoje, de acordo com eles?

Com um objetivo que é, assim, prático e até mesmo pessoal, torna-se possível explicar, e talvez até justificar, certos outros pecados de omissão e ação no que se segue. Do ponto de vista da ética acadêmica contemporânea, este livro está irremediavelmente fora de compasso e fora de moda. Para aguçar o contraste, podemos citar os parágrafos iniciais de um dos mais significativos tratados sobre ética que surgiram nos últimos anos:

---

* Antonomásia para Aristóteles (N. do T.).

Henry B. Veatch

Este livro trata não da totalidade da ética, mas de uma reduzida parte especializada dela. Seu objetivo primeiro é esclarecer o significado dos termos éticos – termos como "bom", "certo", "justo", "deve" e assim por diante. Seu segundo objetivo é caracterizar os métodos gerais pelos quais juízos éticos podem ser provados ou defendidos.

Um estudo assim se relaciona com a ética normativa (ou "estimativa") mais ou menos do mesmo modo que a análise conceitual e o método científico se relacionam com as ciências. Não se deveria esperar que um livro sobre método científico cumprisse o trabalho da própria ciência; e não se deve esperar encontrar aqui quaisquer conclusões sobre qual conduta é certa ou errada. O propósito de um estudo analítico ou metodológico, seja de ciência ou de ética, é sempre indireto. Ele espera mandar os outros para suas tarefas com as mentes mais lúcidas e com hábitos de investigação menos perdulários. Isso obriga a um contínuo escrutínio do que esses outros estão fazendo, ou então a análise de significados e métodos se processará em um vácuo; mas não exige que o analista, como tal, participe da investigação que ele analisa. Em ética, qualquer participação direta desse tipo pode ter seus perigos. Ela pode privar a análise de seu distanciamento e distorcer um estudo relativamente neutro em um pleito por algum código de moral especial. Então, embora questões normativas constituam de longe o ramo mais importante da ética, permeando toda a vida do bom senso e ocupando a maior parte da atenção profissional de legisladores, editorialistas, romancistas didáticos, clérigos e filósofos morais, essas questões, aqui, devem ser deixadas sem resposta. O presente volume tem a função limitada de afiar as ferramentas que outros empregam.*

Este livro, no entanto, não tenta afiar nenhuma ferramenta. Ele não professa estar do lado de fora da ética e meramente analisar seus significados e métodos. Em vez disso, ele tenta precisamente aquela "participação direta" na ética que, o sr. Stevenson nos previne, "pode

---

* Charles L. Stevenson, *Ethics and Language*, New Haven: Yale University Press, 1944, p. I.

ter os seus perigos". É verdade que a tarefa que aqui está sendo empreendida pode ser de forma a "privar a análise de seu distanciamento". Ainda assim, nos perguntamos se, quando a casa está pegando fogo ou o navio afundando, distanciamento é exatamente a atitude adequada. Estou até disposto a admitir que o que se segue envolverá, em certo sentido, "um pleito por algum código de ética especial". Mas não gostaria de admitir que um pleito especial deve envolver necessariamente um arrazoado especial.

Não tenho certeza de que realmente se sustenta a analogia entre o que passou a ser conhecido como a filosofia ou lógica da ciência, envolvendo análise dos conceitos e métodos usados nas ciências (diversamente das próprias ciências), e o que se poderia chamar de filosofia ou lógica ou talvez metaética da ética, envolvendo o estudo da lógica e linguagem da moral ou da ética (diversamente da própria moral ou ética).

Eu me pergunto também se não poderá haver algo levemente hipócrita na pose habitual do filósofo ético contemporâneo, que alega modestamente limitar sua atenção por completo à questão da linguagem ou lógica da ética, deixando todas as questões éticas substantivas para "legisladores, editorialistas, romancistas didáticos, clérigos e filósofos morais". Deve ser muito tranqüilizador para a complacência do professor de ética dos dias atuais proclamar estar abaixo de sua vocação científica dar conselhos práticos à maneira de um redator de editoriais ou um clérigo. Quanto aos filósofos da ciência, mostram respeito, para não dizer veneração, pelos cientistas. Mas os filósofos da ética tendem a encarar qualquer um que desempenhe o papel de moralista como nada melhor do que um "impostor". Como resultado, o ramo da ética que, na citação precedente, é dado como "o mais importante", é a parte mais negligenciada no mundo acadêmico de hoje. Os professores não mais o professam e os estudantes não mais o estudam.

Vamos então reconhecer francamente que este livro terá de se contentar apenas com questões normativas que a *intelligentsia* atualmente reinante encara como não-respeitáveis filosoficamente. O leitor não precisa se surpreender se não conseguir encontrar aqui o tipo de discussão escolástica que tende a dividir e — fica-se tentado a acrescentar — a conquistar os professores de ética modernos neste país. Não que essas discussões não sejam necessárias. Mas, ainda que eu tivesse competência para o empreendimento, dificilmente teria a vontade de fazê-lo. Como professor, pode-se ter prazer na controvérsia com outros professores; como professor, pode-se atazanar e engabelar seus alunos; mas como ser humano sente-se a responsabilidade de envolver-se em uma discussão franca e aberta com outros seres humanos sobre essas questões morais e éticas que perseguiram homens conscienciosos de todas as épocas. No que se segue, portanto, meu interesse será considerar dificuldades e perplexidades filosóficas em termos humanos, em vez de nos termos técnicos da controvérsia acadêmica.

Neste livro não se trata de questões políticas e sociais. É a responsabilidade do indivíduo consigo mesmo, e não sua responsabilidade com a sociedade, que estará sendo investigada aqui. Essa omissão é deliberada, e não meramente por motivos de economia, mas também em nome de um muito necessário acerto da balança. Hoje em dia, a maior parte de nós parece ter caído no hábito de calcular o valor de um homem somente em termos da contribuição que ele dá à comunidade. Tomamos como certo que um grande executivo de empresa é mais importante que um operário, um cirurgião famoso mais do que uma dona de casa comum, um físico brilhante mais do que um assistente de laboratório. Mas não estaríamos todos de acordo que, por mais destacado que um funcionário público possa ser, por mais notáveis que sejam suas contribuições à ciência ou à economia nacional, no entanto, considerado só como pessoa, como um ser humano, nosso homem tão distinto pode acabar estando longe de ser admirável? Não há correlação necessária entre a contribuição de um homem à sociedade e seu valor como indivíduo. Este livro se interessa pelo valor do homem em si mesmo, independentemente de qualquer avaliação utilitária de seus serviços ao leviatã da sociedade moderna.

Nem este livro trata de religião ou da relação da religião com a ética. Não é só na mentalidade popular que a moral parece estar inseparavelmente atada às sanções e interdições religiosas. Até mesmo na mente acadêmica é quase um truísmo que, quando se passa das teorias sobre ética para convicções éticas concretas, essas últimas podem ser pouco mais do que questões de crença e de fé, e não questões de provas e conhecimento. Mas este livro professa ser inteiramente um livro de filosofia; seu argumento, portanto, deve apoiar-se não em apelos à revelação, mas unicamente no que se costumava conhecer como a luz natural da razão.

Acredito que a ética pode se basear em provas e que é uma questão de conhecimento; mas não pretendo que essa seja a história toda. Não importa como possa ter sido com um filósofo como Aristóteles, a maioria de nós, comuns mortais, não pode sequer conhecer a vida boa, muito menos praticá-la, sem alguma ajuda de uma fonte fora de nós próprios. Essa associação de ética com religião é, acredito, inteiramente compatível com o tipo de ética aristotélica apresentada aqui. Mas não é esse lado da história que proponho contar. Quero apresentar um livro simplesmente sobre ética, ética sem religião, se quiserem.

H. B. V.

O Homem Racional

CAPÍTULO I

Em busca de conhecimento ético

1. O QUE É ÉTICA?

Exatamente que tipo de empreendimento é a ética? Será aquela coisa cansativa de dizer às pessoas o que elas devem ou não fazer? Ou talvez aquela coisa gratuita, até presunçosa, de ficar fazendo preleção às pessoas sobre em que deve necessariamente consistir a vida boa para o homem? Certamente ninguém, a não ser um insensato, se prestaria a uma tarefa dessas. Até mesmo os professores de ética hoje em dia tiveram a argúcia de evitar qualquer semelhança de pregação. Eles não considerariam nem por um minuto ser sua função instruir alunos sobre temas consagrados como "a diferença entre certo e errado", "a vida boa para o homem", ou a obrigação de ser "a favor de Deus, da pátria e de Yale". Não, a função deles, alegariam eles, é a mais modesta e, se quiserem, mais propriamente filosófica, de esclarecer os significados e os usos de palavras e frases características que ocorrem na linguagem da moral e da ética. Assim, uma afirmação no sentido de que uma pessoa deve pagar suas contas acaba sendo uma afirmativa diferente das do tipo ou "$v = gt$" ou "Zé Gordura não deve comer fritura". Não é como a declaração direta de um fato, e tampouco é como uma lei da natureza. Seria, então, mais do tipo de uma ordem explícita ou implícita para alguém fazer alguma coisa? Ou talvez seja uma afirmação da existência de uma propriedade um tanto misteriosa e não-natural de obrigatoriedade que se acha ser inerente a linhas de ação tais como pagar suas contas e dizer a verdade.

O atual estudo acadêmico de ética parece amplamente interessado nessas e em questões semelhantes quanto à linguagem da moral. Isso pode ser tudo para melhor. Manter os professores ocupados com meras questões de linguagem, diversamente com questões de substância, poderia efetivamente ser bastante do interesse público, muitos poderiam dizer. O único problema é que para a maioria das pessoas deve parecer que a ética tem a ver com mais do que apenas os significados de palavras e usos da linguagem. De fato, para o aluno que ingênua e inocentemente volta sua atenção para o estudo da ética, deve com certeza parecer que o que ele está buscando descobrir não é tanto o que significa a palavra "bem" ou "bondade" quanto o que é a vida boa, e nem tanto se o verbo "dever" é usado mais adequadamente em um sentido imperativo ou indicativo quanto se ele próprio deve fazer isso ou aquilo. Afinal de contas, para um homem que deseja aprender a dirigir um carro, seria uma experiência bastante frustrante se seu instrutor sistematicamente se recusasse a dizer-lhe o que fazer, limitando inteiramente suas observações a uma análise da linguagem usada nos manuais de direção e evitando qualquer comentário quanto a se as instruções que efetivamente constam do manual eram para ser seguidas ou não.

Muito bem, então, caso se ache que a ética tem mais a ver com meramente analisar a linguagem do discurso moral, isso significa que em seus próprios discursos sobre ética a pessoa terá de prestar-se a dissertações edificantes sobre a vida boa, ou talvez sobre instruções claras e bem-embaladas sobre como ser bom em dez lições fáceis? É difícil imaginar algo mais idiota, ou mais pretensioso.

2. POR QUE NÃO CONSIDERAR A ÉTICA UMA ARTE DE VIVER?

A comparação com aprender a dirigir um carro pode demonstrar-se inesperadamente adequada a uma compreensão da ética. Mas e quanto a coisas como aprender a viver ou aprender a como ser humano? Não são essas coisas que temos de aprender a fazer, tal como precisamos aprender a assentar tijolos, fazer contabilidade ou trinchar suínos? É verdade que as palavras são um tanto ambíguas e enganosas no que diz respeito a isso. Assim, sem dúvida será observado que, enquanto uma pessoa continua viva, ela vive; e se alguém pertence à espécie "homem", não tem como evitar constituir um ser humano. Nesse sentido, viver ou ser humano não são tanto coisas que aprendemos como *fazer* quanto coisas que ou *somos* ou não somos.

Ao mesmo tempo, certamente faz sentido falar de viver bem, em contraste com meter os pés pelas mãos na vida. Quem há que não se preocupe, de um modo ou de outro, não importa como possa expressá-lo, com coisas tais como conseguir algo da vida, alcançar a felicidade, ajustar-se bem à vida, ser bem-sucedido, ou talvez simplesmente ir em frente, ou talvez até "levar um vidão"? Além do mais, seja qual for a forma que essa preocupação com nossas próprias vidas possa assumir, nós com toda certeza reconhecemos que, nesse empreendimento que é viver, podemos cometer, e provavelmente cometeremos, erros. Mas sempre podemos aprender. Na verdade, o fato mesmo de que vemos que cometemos erros significa que, com isso, chegamos a ter pelo menos alguma noção do que seria não cometer erros. Em outras palavras, a experiência seria uma mestra na vida, tal como é nos negócios, na medicina ou na direção de um automóvel.

Por que não, então, supor que da experiência na vida pode ter se desenvolvido algo como uma arte de viver, tal como da experiência humana de vários tipos desenvolveram-se as variadas artes da medicina, do gerenciamento de negócios, da construção de pontes, de andar na corda bamba e de dirigir carros? Levando a analogia ainda mais longe, assim como ninguém nasce um bom médico ou pedreiro ou orador ou técnico de rádio, mas precisa primeiro aprender a arte ou técnica necessária, então por que não dizer que ninguém nasce um homem bom, e que se precisa primeiro aprender a arte de viver? Viver bem, em outras palavras, é como dirigir bem ou defender bem um processo ou executar bem uma apendicectomia: é uma arte ou técnica que se deve dominar, uma habilidade que se deve adquirir antes de se poder fazer bem a coisa, ou talvez até chegar a fazê-la.

3. Mas viver é algo que se pode aprender como fazer?

Neste ponto, o leitor pode estar dizendo consigo mesmo: "A idéia toda de a moral ou a ética ser uma arte, comparável às artes da medicina e da engenharia, é simplesmente grotesca. Pois, diferentemente de qualquer das artes ou técnicas genuínas, qualquer pretensa arte de viver – supondo-se que é legítimo sequer usar essa expressão – pode ser apenas uma questão de opinião, e não uma questão de conhecimento. Que é melhor executar uma operação cirúrgica de um modo em vez de outro, ou que é melhor construir uma ponte usando certos tipos de materiais de preferência a outros — esses são julgamentos que podem ser testados e se demonstrar serem corretos ou incorretos. Mas como testar um julgamento para decidir que o modo de vida no chamado mundo livre é melhor do que no mundo comunista? Como se poderia determinar objetivamente a correção de um julgamento decidindo que ser honesto consigo mesmo é melhor do que enganar ou iludir a si mesmo?"

4. Os jardins da academia: o divórcio entre aprender e viver

Supondo-se que esse seja o julgamento do leitor, não há como negar os incontáveis fatos frios e indiscutíveis que pareceriam justificar juízos ainda mais severos. Importante entre esses é o fato interessante e constrangedor da própria erudição acadêmica e da ciência modernas. Pois vamos encarar a verdade: o aprendizado moderno não tem nada a ver com viver e nem ser culto tem a ver com ser humano. O que equivale a dizer, se houvesse esse negócio de uma autêntica arte de viver, isso não significaria que deveria haver um corpo de conhecimento legítimo e reconhecido, subjacente a essa arte e tornando-a possível? Mas onde se poderia encontrar esse corpo de conhecimento que corresponde à arte de viver, do modo em que, digamos, a física moderna corresponde à moderna engenharia? Suponhamos que fôssemos folhear os volumosos impressos com ofertas de cursos de uma faculdade ou universidade moderna. Onde iríamos encontrar um curso sobre como viver? E, se encontrássemos um curso desses, as conclusões que poderíamos tirar não seriam muito lisonjeiras para com qualquer departamento ou faculdade que pretendesse fornecer conhecimento sobre um tópico como esse.

Ou encarem a questão desse modo, dessa vez não com respeito a áreas de conhecimento científico e acadêmico, mas com respeito aos próprios cientistas e acadêmicos: existe alguma correlação perceptível, para não falar de alguma correlação adequada, entre o que um homem sabe e o que ele é, isto é, seu caráter como ser humano? Tome-se mais uma vez a física moderna: a habilidade e competência de um homem como físico têm a mínima relação com o tipo de pessoa que ele é? Um homem não pode ser um físico brilhante e ao mesmo tempo ser mesquinho e invejoso, ou vaidoso e presunçoso, ou um falso amigo, ou um perseguidor de judeus? Lembro-me de meu tempo de estudante em Heidelberg, logo no início do regime nazista, de ter ouvido alunos falando de um destacado professor de física da Universidade que costumava abrir suas aulas com a seguinte pergunta intimidante: "Há um judeu em algum lugar desta sala?"

Nem se precisa imaginar que a situação seja muito diferente nas humanidades do que é nas ciências. Também lá os fatos parecem igualmente inescapáveis. Um homem pode ser uma pessoa extremamente respeitável em todos os sentidos — um bom companheiro, um amigo leal, um cidadão responsável, um trabalhador consciencioso — e ainda assim ser apenas um acadêmico chauceriano muito medíocre. E vice-versa, não importa qual possa ser sua área particular de competência acadêmica, seja história medieval, literatura inglesa, musicologia ou o que for — qualquer uma e toda erudição assim parece não ter nenhuma relação muito direta com o valor e a excelência desse homem como ser humano.

Henry B. Veatch

A patente irrelevância do conhecimento aprendido para a vida deu ocasião a algumas das mais incisivas e divertidas sátiras existencialistas.

> Um pensador abstrato assim, que se recusa a levar em conta a relação entre seu pensamento abstrato e sua própria existência como indivíduo, que não tem o cuidado de esclarecer essa relação para si mesmo, deixa uma impressão cômica na mente, mesmo que ele seja pessoa de muitíssima distinção, porque ele está em processo de parar de ser um ser humano... um pensador abstrato assim é um ser dúplex: uma criatura extraordinária que se movimenta no puro ser do pensamento abstrato e, por outro lado, uma figura professoral às vezes digna de pena, que a primeira despeja, mais ou menos como quando se pousa uma bengala. Quando se lê a história da vida de um pensador assim (pois seus textos são talvez excelentes), treme-se ao pensar no que significa ser um homem. Se um fabricante de rendas fosse produzir rendas muitíssimo belas, não obstante nos deixaria tristes contemplar uma pobre criatura tão atrofiada. E então é uma visão cômica ver um pensador que, apesar de todas as pretensões, pessoalmente existia como um paspalho; que de fato se casou, mas sem conhecer o amor ou a sua força, e cujo casamento, portanto, deve ter sido tão impessoal quanto seu pensamento; cuja vida pessoal era privada de patos ou lutas patológicas, preocupado apenas com a questão de qual universidade oferecia o melhor meio de vida.[1]

5. Não é um paradoxo que "aprender" nunca pareça ser aprender a viver?

O mesmo argumento pode ser explicado ainda mais convincentemente quando abordado de um ângulo ligeiramente diverso. No

---

[1] *Kierkegaard's Concluding Unscientific Postscript*, trad. de David F. Swenson e Walter Lowrie, Princeton, N. J.: Princeton University Press, 1944, p. 268.

caso daqueles de nós que se dedicaram a seguir carreiras científicas ou acadêmicas, suponhamos que nos perguntássemos simplesmente, por que buscar aprender? C. P. Snow faz com que um de seus personagens enfrente essa pergunta, e sua resposta não só vibra como verdadeira; é também extraordinariamente reveladora:

> O que eu disse a Audrey que eram os motivos pelos quais os homens faziam ciência? Eu ainda devia dizer praticamente a mesma coisa, só que hoje eu deveria levar mais em conta o acidente; muitos homens se tornam cientistas porque acontece de ser conveniente, e eles podiam muito bem tanto fazer isso quanto qualquer outra coisa. Mas os impulsos realmente urgentes permanecem: parecia haver três tipos. Isto é, três tipos de motivos para se dedicar. Pode-se fazer ciência porque se acredita que, prática e efetivamente, isso beneficia o mundo. Um grande número de cientistas teve esse como seu motivo consciente principal: para mim nunca foi, e, aos trinta anos, isso me parecia uma tolice ainda maior do que dez anos antes...
> Pode-se fazer ciência porque ela representa a verdade. Isso, ou algo assim, foi o motivo que dei no passado. Na medida em que eu tivesse uma justificativa consciente, teria sido sempre essa. E, no entanto, eu achava, não era bom o bastante ficar olhando um barco de vela vermelha percorrendo a distância entre uma ilha e a costa. A ciência era verdadeira em seu próprio campo; era perfeita dentro de suas restrições. Selecionavam-se os seus dados — espalhava-se o seu próprio quebra-cabeças, por assim dizer — e no final resolvia-se o quebra-cabeças mostrando como ele se encaixava em outros dados do mesmo tipo. Agora sabemos o suficiente sobre esse processo para ver a qualidade dos resultados que ele pode nos dar; conhecemos, também, aqueles lados de experiência que ela nunca pode tocar. Por mais tempo que se faça ciência, uma vez que ela estabelece seus próprios limites antes de ela poder começar, esse limites devem permanecer. É mais como se uma pessoa estivesse avidamente interessada em toda a região campestre entre esta cidade e a seguinte: vai-se à ciência em busca de uma resposta, e recebe-se uma estrada entre

as duas. Pensar nisso como a verdade, ao menos pensar em "a verdade" como um ideal ímpar, parecia-me, em certo grau, mentalmente ingênuo...

Também se pode fazer ciência porque se gosta. Naturalmente, qualquer um que acredita sinceramente ou em sua utilidade ou em sua verdade ao mesmo tempo gostará dela. Constantine, por exemplo, tira mais um simples prazer hedonista da pesquisa do que a maioria dos homens de seus prazeres preferidos, e, embora ele seja o cientista mais dedicado que conheço, há muitos homens para os quais o prazer vem como conseqüência da fé. Mas acho que é também possível gostar da ciência sem acreditar exageradamente em sua utilidade, ou ter quaisquer pontos de vista sobre o valor de suas verdades. Muita gente gosta de resolver quebra-cabeças. Os quebra-cabeças científicos são muito bons, com recompensas razoáveis. De modo que, ou sem examinar as funções da ciência, sendo indiferentes a elas, ou tomando-as como coisa certa e garantida, muitos homens se interessam por pesquisa como se interessariam por direito; vivendo de acordo com isso, obedecendo a suas regras e desfrutando inteiramente do processo de solução de problemas. Esse é um prazer perfeitamente válido; entre eles é possível encontrar alguns dos cientistas mais eficientes.[2]

No contexto de nossa presente investigação, a coisa interessante sobre esses motivos para fazer ciência ou, mais geralmente, para se dedicar a vida à pesquisa científica e acadêmica reside não tanto no que esses motivos explicitamente afirmam quanto no que eles deixam de mencionar ou até de sugerir. Não é significativo que nenhum dos motivos dados aqui para a busca do conhecimento tenha qualquer coisa a ver com o que o conhecimento pode fazer pela pessoa ou pelo caráter do próprio conhecedor? Afinal de contas, a vida de uma pessoa como cientista pode ser do máximo benefício

---

[2] C. P. Snow, *The Search*, Nova York: Charles Scribner's Sons, 1958, pp. 280-82.

para a humanidade, pode até ser uma vida dedicada à busca da verdade pela verdade, sim, pode ser uma vida dedicada a fazer precisamente o que a pessoa mais gosta de fazer; e no entanto nenhuma dessas atividades ou realizações em uma vida de ciência e aprendizado dá nenhuma garantia de que a pessoa que leva essa vida será alguma coisa além de pomposa e insensata, talvez chata e enjoada, um mero "homem oco",* na verdade. Por que, então, não se deveria buscar o conhecimento precisamente pelo motivo de que, através desse conhecimento, se pode aprender como evitar ser um homem oco? Talvez esse conhecimento o ajude a descobrir o que Pope com muita felicidade expressou, "que é segredo para todo idiota que ele é um asno". Mas, de algum modo, o conhecimento científico e acadêmico moderno não parece se prestar a nenhum empreendimento assim.

E, no entanto, por que deveria? Pois não foi assim com o conhecimento. Ao contrário, no caso de Sócrates, por exemplo, a busca do conhecimento não foi por nenhum outro propósito senão o de descobrir como viver. "Conhece a ti mesmo" era a inscrição do Oráculo de Delfos que Sócrates adotou como lema de sua própria busca do conhecimento. De fato, como é notório, ele deixou completamente de lado seu próprio interesse inicial pelo cosmos e dedicou-se por completo a essa busca de um conhecimento a que chamou autoconhecimento. Não só isso, mas ele constantemente exortava seus concidadãos atenienses a deixarem suas ocupações costumeiras e se ocuparem consigo mesmos e com o bem de suas próprias almas:

---

* No original, explicitamente *"hollow man"*, como no poema de Eliot (N. do T.).

> ... e enquanto eu tiver vida e força nunca deixarei a prática e o ensino da filosofia, exortando qualquer um que venho a conhecer e dizendo-lhe, à minha maneira: Tu, meu amigo — cidadão da grande, poderosa e sábia cidade de Atenas —, não te envergonhas de empilhar um enorme volume de dinheiro, honra e reputação, e ligar tão pouco para a sabedoria, a verdade e a maior melhoria da alma, que nunca consideras ou a que não dás nenhuma importância?
> ... volto a dizer que discursar diariamente sobre virtude e aquelas outras coisas a respeito das quais vocês me ouvem examinando a mim mesmo e aos outros é o maior bem do homem, e que a vida não-examinada não é digna de ser vivida...[3]

E, mais ainda, quando se pára para pensar a respeito, parece que quase todas as grandes religiões do mundo tiveram igualmente, como seu interesse central, a revelação para os homens do que se poderia designar muito simplesmente o modo de viver, a própria palavra "modo" ela mesma peculiarmente significativa e recorrente nesse respeito. Cristo não declarou "Eu sou o caminho, a verdade e a vida"? E, da mesma forma, tanto no taoísmo quanto no confucionismo a preocupação central é com o Tao, ou o "caminho". No budismo é a "trilha", a nobre trilha de oito vias.

6. Não há como escapar a esse paradoxo?

O que devemos entender de tudo isso? Devemos dizer que todo o ensino acadêmico moderno de alguma forma tomou um caminho errado, que, em vez de se ocupar em descobrir e demonstrar para nós o modo como devíamos viver, se deixou iludir a buscar

---

[3] *The Dialogues of Plato*, trad. de Benjamin Jowett, Oxford: Oxford University Press, 3rd ed., 1892, Vol. II, *Apology*, 29 D-E, 38 A.

um tipo de conhecimento que não tem relevância para nós como seres humanos, ou melhor, nenhuma relevância para o que conhece, isto é, o próprio cientista e acadêmico? Ou devemos dizer que é Sócrates que estava errado, e não nossos acadêmicos e cientistas modernos, que toda a busca socrática por um conhecimento que, para usar um termo teológico, seria um conhecimento "de salvação", que efetivamente proporcionaria ao próprio conhecedor uma visão do caminho, da verdade e da vida – que essa busca socrática era tanto mal-orientada quanto sem esperança? Talvez o erro de Sócrates tenha consistido precisamente em sua suposição de que o autoconhecimento, no sentido que ele lhe dava, pudesse ser de fato uma questão de conhecimento, que seria possível para os seres humanos, por meio da investigação e reflexão, descobrir o modo como deviam viver. Continuando na mesma veia, podíamos destacar, ainda, que algo como o "modo" podia ser revelado a um homem em um contexto religioso, como algo que ele poderia obter com fé; mas que isso seja algo que se possa *conhecer* em qualquer dos sentidos habituais de "conhecer" – isso pareceria estar totalmente fora de questão, a julgar pelo exemplo do conhecimento acadêmico dos dias atuais.

7. Uma saída atualmente aceitável e perigosamente acrítica: um reconhecimento de comportamento

No entanto, há uma outra faceta em toda essa questão da possibilidade de autêntico conhecimento ético ou moral sobre a qual a ciência e a tecnologia modernas talvez possam lançar uma certa luz. Lembremo-nos de que no início de nossa discussão foi lançada a sugestão de que talvez a moral e a ética pudessem ser compreendidas na analogia das variadas artes e técnicas, que, tal como se precisa aprender como andar ou ler ou assentar tijolos, assim também se precisa aprender como viver e ser humano. Mas assim que refletimos um pouco sobre o exemplo da tecnologia moderna, começa a parecer como se a aplicação de conhecimento científico fosse a ultimíssima coisa que podia servir como modelo para o tipo de coisa que queremos chamar de conhecimento moral ou ético.

Se esse conhecimento moral ou ético deve obrigatoriamente envolver um conhecimento de si mesmo, no sentido de Sócrates — um "relacionar de seu pensamento abstrato à sua própria existência como indivíduo", para parafrasear a frase de Kierkegaard anteriormente citada[4] —, certamente isso é algo que a moderna tecnologia nunca faz, e é em princípio incapaz de fazer. É verdade que, se tomarmos livremente o bastante a frase um tanto tola "a relevância do conhecimento para a vida", não há dúvida de que a moderna tecnologia proporciona um exemplo verdadeiramente surpreendente da relevância do conhecimento para a vida. Pois pensem só nas necessidades e carências humanas que hoje podem ser atendidas na sociedade industrial moderna e que eram simplesmente impossíveis de serem atendidas com alguma coisa parecida com o mesmo grau ou com a mesma destreza em outras épocas da história do mundo.

E, no entanto, o que é necessário para a ética é conhecimento, não de como controlar a natureza, mas de como controlar a si mesmo.

Mas, por interessante que pareça, assim que alguém, no espírito da tecnologia moderna, começa a lançar-se à tarefa de controlar o

---

[4] Ver anteriormente, p. 47.

eu humano, tende a transformar o eu humano em apenas mais um objeto entre outros do mundo natural; e, antes de se ter acabado, se estarão concebendo tramas para manipular e controlar os seres humanos, assim como se manipulam e controlam ratos, moscas das frutas e produtos de alcatrão da hulha. Não só os seres humanos deixam de ser seres em um contexto desses, sendo tratados como não mais do que apenas muitos objetos naturais, como também — e isso é ainda mais sério, no que diz respeito à ética — o empreendimento original de controlar a si mesmo perdeu-se de vista completamente, e nosso pretenso especialista em como viver acaba por ser não o senhor de sua própria vida, mas apenas um senhor em condicionar e controlar as vidas de outros.

Precisamos apenas nos voltar para Gabriel Marcel, a fim de ler uma exposição muito reveladora de como todos nós tendemos a encarar nossos companheiros seres humanos, uma vez que caímos no atual hábito de considerar modos e meios de aplicar o conhecimento científico moderno à conduta de vida, à maneira da moderna tecnologia.

> O aspecto característico de nossa época parece-me ser o que poderia ser chamado de desvio da idéia de função, tomando função em seu sentido atual, que inclui tanto as funções vitais quanto as sociais.
> O indivíduo tende a aparecer, tanto para si próprio quanto para os outros, como um aglomerado de funções. Como resultado de causas históricas profundas, que até agora só podem ser compreendidas em parte, ele foi levado a encarar a si próprio cada vez mais como um mero conjunto de funções cuja inter-relação hierárquica lhe parece questionável ou pelo menos sujeita a interpretações conflitantes.

Henry B. Veatch

Marcel então passa a mencionar primeiro as chamadas funções vitais, depois disso as funções sociais — "as do consumidor, do produtor, do cidadão etc." — e finalmente as funções psicológicas. Ele então continua:

> Até agora ainda estamos lidando apenas com abstrações, mas nada é mais fácil do que encontrar ilustrações concretas nesse campo. Viajando no metrô, muitas vezes me pergunto com uma espécie de horror o que pode ser a realidade íntima da vida desse ou daquele metroviário — o homem que abre as portas, por exemplo, ou o que picota os bilhetes. Certamente, tudo tanto dentro quanto fora dele conspira para identificar esse homem com suas funções — querendo dizer não apenas suas funções como funcionário, como membro do sindicato ou como eleitor, mas também com suas funções vitais. A expressão bastante horrível "tabela de horário" descreve perfeitamente a sua vida. Tantas horas para cada função. O sono também é uma função que deve ser cumprida, de forma que as outras funções possam por sua vez ser exercidas. O mesmo com o prazer, com o relaxamento; é lógico que a licença semanal para recreação deva ser determinada por um especialista em higiene; recreação é uma função psicoorgânica que não deve ser mais negligenciada do que, por exemplo, a função do sexo. Não precisamos ir mais além; este esboço é suficiente para sugerir a emergência de um tipo de horário vital; os detalhes variarão conforme o país, o clima, a profissão etc., mas o que importa é que existe um horário.
> É verdade que certos elementos perturbadores — doença, acidentes de todo tipo — farão sua irrupção no funcionamento tranqüilo do sistema. É portanto natural que o indivíduo deva ser examinado a intervalos regulares como um relógio (isso é feito com freqüência nos Estados Unidos da América). O hospital desempenha o papel da bancada de vistoria ou da oficina... Quanto à morte, ela se torna, objetiva e funcionalmente, a eliminação do que deixou de ter utilidade e deve ser descartado como perda total.[5]

---

[5] Gabriel Marcel, *The Philosophy of Existence*, Nova York: Philosophical Library, 1949, pp. 1-3.

Essa tendência a desintegrar nossos companheiros humanos em um mero conjunto de funções parece ser o acompanhamento inevitável de nossos esforços para aplicar nosso conhecimento científico na condução das vidas dos homens. Mas não se deve esperar que tal pulverização e desintegração devam necessariamente levar à infelicidade do indivíduo. Ao contrário, o "metroviário" de Marcel pode muito bem ser o mais contente e satisfeito dos homens, talvez até em um nível aflito. Pois, como Huxley austeramente observou:

> Evidentemente não existe motivo nenhum pelo qual os novos totalitarismos devam se assemelhar aos antigos. O governo com cassetetes e pelotões de fuzilamento, fome artificialmente provocada, prisões e deportações em massa não é meramente desumano (ninguém liga muito para isso atualmente); é demonstravelmente ineficaz – e, em uma era de tecnologia avançada, ineficiência é o pecado contra o Espírito Santo. Um estado totalitário realmente eficiente seria aquele em que o todo-poderoso executivo dos chefões políticos e seu exército de administradores controlassem uma população de escravos que não precisam ser forçados, porque amam sua servidão. Levá-los a amá-la é a tarefa atribuída, nos estados totalitários de hoje, a ministros de propaganda, editores de jornais e professores. Mas seus métodos ainda são rudimentares e não-científicos.[6]

8. Devemos abandonar a esperança de que a ética possa ser uma arte ou uma ciência?

Mas já chega disso. O que mais é necessário para demonstrar a insensatez e a futilidade de tentar encarar a ética como uma arte de viver? Muito longe de a moral e a ética serem de algum modo as

---

[6] Aldous Huxley, *Brave New World*, Nova York: Harper and Brothers, 1946, Prefácio, pp. XV-XVI.

artes, agora parece que a própria idéia de aplicar conhecimento à vida, à maneira de arte ou tecnologia, seria absolutamente desastrosa para a ética. Em vez de seres humanos levando vidas submetidas a exame, como foi imaginado por Sócrates, qualquer chamada arte de viver parece levar a uma situação em que seres humanos se tornariam como gado, tocado e cuidado por variados engenheiros comportamentais e especialistas em viver.

Por que dizer mais? Por que não apenas reconhecer que não adianta ter a pretensão a nenhum chamado conhecimento moral ou ético? O projeto de Sócrates de um conhecimento ético que seria um autoconhecimento parece completamente em descompasso com nossa concepção moderna de conhecimento, como esta se manifesta na ciência e erudição acadêmica atuais. E, quanto ao projeto de uma arte de viver ou uma arte de ser humano, comparável às outras artes e técnicas, isso pareceria ser não meramente fútil, quando encarado à luz da moderna tecnologia, mas efetivamente perigoso e teimosamente equivocado.

Além disso, não é hoje um truísmo que moral e ética são questões relativas, isto é, questões de opinião e não de conhecimento? Ou talvez fosse mais exato dizer que o relativismo ético tornou-se quase um *sine qua non* do homem culto, uma espécie de emblema do intelectual moderno. Ainda podemos, talvez, nos aventurar com impunidade a admirar exemplos de coragem, ou integridade, ou decência, mas dificilmente alguém pode apresentar-se e alegar saber o que é certo e o que é errado sem ser expulso do grupo ou pelo menos do coquetel pela risada geral.

9. De volta a Matusalém e abaixo o relativismo

Talvez haja destinos piores. De qualquer forma, devo afirmar inequivocamente que, quanto a mim, acho que *é* possível para os homens saberem o que é certo e o que é errado. Eu iria até o ponto de dizer que afirmar qualquer outra coisa pode levar a pessoa a uma inconsistência bastante indefensável, ainda que com freqüência despercebida. O relativismo ético, em outras palavras, é, acredito, não só uma posição indefensável em filosofia; é insustentável na própria vida.

Com a finalidade, no entanto, de levar a cabo uma refutação completa do relativismo ético, talvez devêssemos primeiro dar um tempo para considerar rapidamente quais são exatamente as fontes de tal atitude para com a ética. Se não me engano, as fontes são duas, uma envolvendo o que se poderia chamar de considerações factuais, a outra de considerações lógicas ou lingüísticas.

As chamadas considerações factuais são de certo modo tão óbvias nesta época de educação de alto nível e sofisticação acadêmica, que dificilmente merecem ser mencionadas: é um fato que os julgamentos morais e éticos dos homens parecem ser relativos à sua civilização, sua cultura, sua classe social, seu meio ambiente físico, sim, até às disposições biológicas e psicológicas dos próprios indivíduos. Nem esse fato é atestado meramente pelos dados da antropologia e da sociologia. Além disso, foram concebidos incontáveis testes psicológicos cujos resultados parecem confirmar inquestionavelmente a relatividade dos juízos de valor dos homens.

Apesar dessa série impressionante de provas aparentemente incontestáveis, existe pelo menos um respeito em que essa prova não é conclusiva. O mero fato da diversidade em padrões morais humanos não exclui a possibilidade de pelo menos alguns desses padrões serem corretos e outros incorretos. Por exemplo, considerem uma situação de certa forma análoga nas ciências naturais modernas. Não seria difícil demonstrar que, no decorrer da história do mundo, as teorias do universo físico foram quase tantas, tão variadas e tão relativas quanto os sistemas de moral e ética. Os antigos egípcios sem dúvida deram explicações das mudanças físicas inteiramente diversas das apresentadas pelos físicos contemporâneos. E, pelo que sei, a astronomia dos antigos babilônios era tão diferente da astronomia dos chineses da dinastia Ming quanto a astronomia ptolomaica da Europa medieval é diferente da astronomia do universo einsteiniano dos dias atuais. E, no entanto, ninguém concluiria dessas provas que não há base factual para uma verdadeira ciência da física ou da astronomia. Por que, então, a partir da mera diversidade de códigos morais e sistemas de ética, tendemos a concluir que a moral e a ética não podem ser autênticas artes ou ciências tendo uma base real em fatos?

Seria possível replicar a isso que, embora nesses tempos antigos as teorias do universo físico fossem sem dúvida uma questão relativa, sendo meras especulações ociosas, determinadas pelos preconceitos peculiares da época, da classe, da cultura, ou do astrônomo, ou físico particular, no período moderno tudo isso mudou: as teorias científicas agora têm uma base autenticamente objetiva, do que dá testemunho a extraordinária unanimidade dos cientistas em todo o mundo. O que equivale a dizer, não importa qual a cultura, ou o país, ou o sistema econômico em que o cientista moderno vive, ele ainda pode, como cientista, compreender e dar valor às realizações de outros cientistas em toda parte.

Esse fato da unanimidade comparativa entre cientistas no momento atual poderia dar pelo menos algum motivo para se supor que a ciência finalmente foi posta sobre uma base objetiva, enquanto a moral ou a ética não foram; mas, mesmo assim, tal prova ainda não é realmente conclusiva. Supor que fosse equivaleria a afirmar que a determinação da verdade em ciência não é mais do que uma questão de contar narizes entre cientistas. E se poderia então passar para a afirmação de que, uma vez que um plebiscito entre moralistas não daria nada parecido com os impressionantes resultados de um plebiscito entre cientistas, a palma do conhecimento teria de ser concedida à ciência, enquanto a ética poderia pretender ser não mais do que uma questão de opinião.

10. As dificuldades lógicas de se pretender um conhecimento factual em questões de ética

O mero fato da diversidade em opinião moral e ética não é suficiente para provar a impossibilidade em princípio de conhecimento moral e ético: o mundo inteiro poderia estar errado e um único indivíduo poderia estar certo. No entanto, a defesa do relativismo ético não precisa se apoiar em meras considerações factuais; ao contrário, existe um número indeterminado de considerações de um tipo muito diferente prontas à mão para a defesa desse relativismo. Pois tornou-se quase um dogma da atual cena intelectual supor que se deve sempre estabelecer uma distinção radical entre fatos e valores, entre "é" e "deve", entre o real e o ideal. Uma vez que a ética, por definição, deve, ao que se presume, interessar-se por valores, em contraste com fatos, parece inescapável a conclusão de que, dados esses pressupostos, a ética não tem nada a ver com a ordem real, mas só com o ideal – com o que devia ser, e não com o que é.

Em confirmação adicional dessa conclusão, tem-se apenas de considerar a dificuldade lógica, para não dizer a impossibilidade, de algum dia se afirmar um juízo normativo ou ético. Pois no que diz respeito a prova empírica, esta é sempre prova do que é assim, do que efetivamente é o caso. Mas o ideal, ou aquilo que só *devia* ser, em princípio nunca é observável. Mesmo que se suponha que em uma dada instância o ideal não permaneceu mero ideal, mas foi efetivamente realizado, continuaria parecendo que seu caráter de ser ideal seria algo muito acima e à parte de suas reais propriedades.

Pois não é verdade que descrições científicas de coisas e eventos concretos no mundo real nunca parecem levar em conta se esses acontecimentos naturais são certos ou errados, bons ou maus? Assim, que a água corre morro abaixo pode ser tomado como sendo um fato do mundo natural. Mas que esteja certo ou errado, que seja bom ou mau que a água se comporte desse modo – qualquer consideração, de uma natureza moral ou ética, parece não só irrelevante nesse respeito como francamente imbecil.

Aliás, mesmo as ciências sociais e as ciências que lidam com o comportamento humano geralmente se orgulham de serem escrupulosas em sua objetividade; e isso é interpretado como significando que elas se abstêm de todo e qualquer julgamento de valor. Um economista pode estudar o fenômeno do trabalho escravo, destacando as variadas conseqüências de se empregar esse meio de produção e se e sob que circunstâncias esse trabalho forçado pode ou não contribuir para uma maior produtividade nacional. Mas quanto a se a escravidão humana é certa ou errada, moralmente defensável ou indefensável — sobre esse tema, embora se possa ter a esperança de que, como ser humano, o economista tenha sua opinião pessoal, como economista ele pode apenas protestar que não tem conhecimento objetivo nem para um lado nem para o outro. Da mesma forma, em antropologia, sociologia e psicologia faz-se constantemente a distinção entre descrever o comportamento humano em seu papel como cientista e emitir julgamento sobre esse comportamento em seu papel como pessoa ou como cidadão, o primeiro sendo da natureza do conhecimento objetivamente verificável, enquanto o último é tido como não mais do que mera opinião pessoal, particular.

Pode-se deplorar essa neutralidade ética da ciência moderna e queixar-se de que ela tem o efeito de fazer os cientistas servirem indiferentemente a ditadores e democracias. Seja como for, como se supera o fato de que julgamentos de valor parecem de fato ser de um tipo lógico muito diferente de julgamentos factuais? Não há como eles possam ser objetivamente testados e verificados. Nem parece possível sequer tornar inteligível exatamente como os valores que são atribuídos a coisas podem efetivamente se tornar inerentes às coisas a que são atribuídos. As coisas são o que são objetivamente e de fato, mas os valores que dizem que elas têm, elas aparentemente só podem tê-los nas mentes das pessoas que as julgam de valor. Pouco surpreendente, então, que a dimensão moral ou ética das coisas não seja suscetível a investigação ou verificação científica. Sejam quais forem os fatos, não se pode nem encontrar valores neles, nem inferir valores a partir deles. E quanto ao que é de tal forma ser equivalente ao que devia ser de tal forma, o "é"

Henry B. Veatch

nunca dá a menor pista quanto a nenhum tipo de um "devia". Ambas pertencem a ordens logicamente muito diferentes, e nunca as duas se encontrarão.

11. A REFUTAÇÃO DO RELATIVISMO

Deve toda ética, então, ser descartada como uma impostora oca? Pois as disciplinas tradicionais da filosofia têm um jeito de sobrepujar até velhos soldados: elas não só "nunca morrem". Elas nem sequer "vão minguando". E esse pode muito bem vir a ser o caso com a ética.

Não há, de fato, algum modo em que as atuais críticas da ética possam ser atendidas e respondidas, de forma a mais uma vez reabilitar essa matéria e torná-la uma disciplina científica respeitável? Com essa finalidade, vamos mais uma vez nos lembrar de exatamente qual era o ataque que essas críticas faziam. Sucintamente, era no sentido de que juízos éticos, em última análise, não têm nenhuma base factual. Donde todas e quaisquer convicções humanas quanto ao que é certo ou errado, bom ou mau, só podem ser relativas e arbitrárias.

Muito bem; mas consideremos por um momento quais seriam as prováveis conseqüências dessa destruição relativista da ética. Com alguma precipitação, poder-se-ia esperar que, mal os homens se convencessem de que moral e ética não tinham fundamentos e que suas variadas interdições e recomendações não mais se impunham, a tampa seria retirada da panela e se instalaria o pandemônio. Certamente não é difícil imaginar como, pelo menos no caso de certos indivíduos, essa pudesse ser a conseqüência do relativismo ético.

Por exemplo, tome-se um jovem adolescente com impulsos sexuais normais e cuja criação rígida o levou a acreditar que relações sexuais fora do casamento são ruins e erradas. Chega agora um filósofo moral muito atualizado, que consegue convencer o rapaz de que essas restrições vêm puramente de sua criação puritana, donde são absolutamente injustificadas; de fato, elas são apenas relativas a essa cultura religiosa antiquada e hoje superada. Será difícil imaginar que efeito essas recém-descobertas convicções terão sobre o subseqüente comportamento de nosso jovem amigo?

É preciso refletir apenas um pouquinho, no entanto, para se dar conta de que um excitado afastamento de todas as restrições não é uma conseqüência necessária ou inevitável de alguém se convencer da verdade do relativismo ético. Se é verdade que todas as normas e padrões de valor morais são relativos e, nesse sentido, arbitrários, segue-se que nenhum conjunto de valores é superior a nenhum outro: são todos igualmente bons, ou igualmente sem valor, como quer que se prefira expressá-lo. Mas, vista sob essa luz, a luxúria começa a aparecer como não tendo realmente nada que a recomende mais do que a castidade, nem a embriaguez do que a sobriedade, nem a prodigalidade do que a economia. De um modo mais geral, de fato, começa a parecer que uma completa liberdade de todos os estorvos e obstáculos da convenção social não seria realmente nada melhor do que a obediência e o conformismo. Conseqüentemente, o enfadonho cético moral, o qual decide que afinal de contas é menos problemático simplesmente fazer como todo mundo mais e seguir os padrões morais da comunidade, está sendo apenas tão consistente – ou inconsistente – em seu relativismo ético quanto o jovem

Henry B. Veatch

rebelde e fogoso cuja reação impulsiva ao relativismo é encará-lo como um passaporte livre para cair na farra.

Nem essas são as únicas variantes das possíveis conseqüências do relativismo ético. Basta olhar o pequeno e muito legível e plausível livro da antropóloga norte-americana dra. Ruth Benedict. Intitulado *Patterns of Culture*, o livro tenta investigar algumas das conquistas da pesquisa antropológica moderna, em apoio a uma tese de total relativismo ético. Afinal, afirma a dra. Benedict, diferentes culturas humanas, com seus padrões amplamente variados, devem ser encaradas como "viajando por estradas diferentes, em busca de fins diferentes, e esses fins e esses meios em uma sociedade não podem ser julgados em termos dos de uma outra sociedade, porque, essencialmente, eles são incomensuráveis".[7]

Quais podemos supor serem as conseqüências de tal reconhecimento do relativismo, aos olhos da professora Benedict? Por estranho que pareça, do modo como ela encara a questão, o relativismo ético não oferece aos seres humanos nem um convite à licenciosidade, nem os conselhos cansados do pessimismo cético; em vez disso, ele fornece uma impressionante aula prática de tolerância.

> A verdade da questão é, antes, que os possíveis motivos e instituições humanas são uma legião, em todos os planos de simplicidade ou complexidade cultural, e que a sabedoria consiste em uma muito aumentada tolerância para com suas divergências. Homem nenhum pode participar inteiramente de qualquer cultura a não ser que tenha sido criado e tenha vivido de acordo com suas formas, mas ele pode conceder a outras culturas a mesma importância a seus participantes que reconhece na sua própria.[8]

---

[7] Ruth Benedict, *Patterns of Culture*, Nova York: Mentor Books, 1958, p. 206.
[8] *Ibid.*, p. 33.

E em seu último capítulo a professora Benedict parece tornar-se ela própria moralista, fazendo uma severa preleção a seus leitores no sentido de que: "Tal como somos deficientes em tratar de problemas éticos na medida em que nos apegamos a uma definição absoluta de moralidade,* assim também somos deficientes em tratar da sociedade humana, na medida em que identificamos nossas normalidades locais com as inevitáveis necessidades da existência."⁹ E assim por diante, direto até a eloqüência final de suas sentenças conclusivas:

> O reconhecimento da relatividade cultural traz consigo seus próprios valores, que não precisam ser os das filosofias absolutistas. Ele contesta as opiniões costumeiras e causa àquelas que lhes foram incutidas agudo desconforto. Isso desperta pessimismo porque lança em confusão velhas fórmulas, não porque contenha alguma coisa intrinsecamente difícil. Assim que a nova opinião é aceita como crença costumeira, será mais um confiável baluarte da vida boa. Chegaremos então a uma fé social mais realista, aceitando como motivos de esperança e como novas bases para tolerância os padrões de vida coexistentes e igual-

---

* Podemos, de passagem, fazer uma observação sobre o uso da palavra "absoluto" pela professora Benedict, ao falar de uma "definição absoluta de moralidade". Não é incomum que os relativistas éticos rotulem seus opositores como "absolutistas", com a implicação de que pretensões ao absolutismo em conhecimento são tão extravagantes e antiquadas quanto pretensões ao absolutismo na monarquia. Nem existe nenhuma dúvida de que, lingüisticamente, quando se procura uma palavra que se possa opor convenientemente a "relativo", a única que vem prontamente à cabeça é "absoluto". E no entanto é interessante que, na medida em que respeita ao conhecimento científico, ninguém hoje se aventuraria a dizer que esse conhecimento era uma questão puramente relativa. Mas será que alguém, por esse motivo, considera que o conhecimento científico seja um conhecimento absoluto, ou que os próprios cientistas sejam absolutistas? E se os cientistas podem desfrutar uma imunidade do dilema de relativismo ou absolutista, por que não, igualmente, os filósofos morais?

⁹ *Ibid.*, p. 251.

mente válidos que a humanidade criou para si mesma a partir das matérias-primas da existência.[10]

Embora ainda estejamos nos banhando ao calor suave desses nobres sentimentos antropológicos, pode ser instrutivo fazermos um giro completo e lermos algumas manifestações muito mais ásperas e cheias de bravata do falecido grande mestre do cinismo e da verborragia, Benito Mussolini. De fato, as palavras de Mussolini (escritas em 1921) poderiam também servir como um comentário irônico à pregação de tolerância da professora Benedict no texto de relativismo:

> Na Alemanha, o relativismo é uma construção teórica extraordinariamente ousada e subversiva (talvez a vingança filosófica da Alemanha, que pode ser arauto da vingança militar). Na Itália, o relativismo é simplesmente um fato... Tudo que eu disse e fiz nestes últimos anos é relativismo por intuição... Se relativismo significa desprezo por categorias fixas e homens que pretendem ser os portadores de uma verdade objetiva e imortal... então não há nada mais relativista do que as atitudes e a atividade do fascismo... Do fato de que todas as ideologias são de igual valor, de que todas as ideologias são meras ficções, o relativista moderno infere que todos têm o direito de criar para si mesmos sua própria ideologia e tentar impô-la com toda a energia de que são capazes.[11]

Mas por que nos darmos ao trabalho de apresentar mais exemplos? Esses bastam para indicar que, por mais plausível e até incontestável que possa parecer a prova em favor de uma atitude puramente relativista em ética, entretanto, assim que uma pessoa

---

[10] *Ibid.*, p. 257.
[11] Benito Mussolini, *Diuturna*, pp. 374-77. Citado de Helmut Kuhn, *Freedom Forgotten and Remembered*, Chapel Hill, N. C.: University of North Carolina Press, 1943, pp. 17-18.

se pergunta que significado e conseqüência essa atitude teria para a sua própria vida e conduta, as respostas acabam sendo espantosamente confusas e ambíguas. Para uma pessoa, relativismo significa rebelião e libertinagem; para outra, conservadorismo e conformismo. Para uma implica maior tolerância e compreensão de seus irmãos humanos; para outra, justifica a mais implacável intolerância e a imposição arbitrária de sua vontade sobre os demais.

Para deixar as coisas ainda piores, as conseqüências desse relativismo são não apenas ambíguas, mas também, submetidas a um exame mais atento, cada uma delas acaba por envolver uma curiosa inconsistência interna. Voltando por um momento à professora Benedict, não é estranho que, tendo começado por proclamar a profunda relatividade de todos os padrões de valor, ela termine pregando o evangelho da tolerância? Presumivelmente, caso a professora Benedict queira permanecer fiel a seus próprios princípios, ela tem de reconhecer que o valor da tolerância é estritamente relativo à formação cultural particular que foi a dela própria. Mas suponhamos que alguém de uma formação cultural diferente tenha sido criado acreditando que a tolerância não é uma virtude, mas antes um sinal de insensatez e fraqueza, sendo o rumo sábio e corajoso um de rígida intolerância para com todas as divergências da sua própria norma cultural. O que a professora Benedict poderia dizer a isso? Dificilmente ela poderia discordar desse defensor da intolerância, ou criticá-lo por estar equivocado, pois isso equivaleria a julgar os valores de uma sociedade em termos dos valores de outra. Na verdade, qualquer crítica assim refletiria o próprio espírito de intolerância para com povos de outras sociedades e culturas que a própria professora Benedict fez tanta questão de condenar. Por outro lado, a professora

Benedict não poderia mais concordar com esse hipotético defensor da intolerância do que poderia discordar. Pois concordar significaria que ela estava concordando com a superioridade dos valores da intolerância sobre os da tolerância — uma posição que a tornaria culpada não apenas de incoerência, mas de hipocrisia.

A dificuldade em que procuramos colocar a professora Benedict não é realmente obra dela, mas é — pelo menos em parte — uma dificuldade inescapável de qualquer um que queira ser relativista em questões de ética. Pois poderíamos igualmente sair agora e desmascarar a bateria com que andamos bombardeando as variadas posições do relativismo. Em nossa visão, o relativismo ético em qualquer forma é uma posição radicalmente inconsistente e totalmente indefensável de se tentar manter em filosofia.

É importante estabelecer a natureza precisa da inconsistência desse relativismo. Diferentemente do que se poderia chamar de relativismo geral, ou ceticismo filosófico total, o relativismo ético não é inconsistente em sua própria afirmação e formulação. Quando o ceticismo filosófico geral é reduzido a seus termos mais simples e rudimentares, a posição do cético desce a afirmativas desta espécie: "Sei que ninguém sabe coisa alguma" ou "A verdade é que a verdade é inatingível". Afirmativas como essas são manifestas incoerências.* É por isso que se poderia dizer com bastante justiça que qualquer posição de completo relativismo ou ceticismo em filosofia é indefensável até em teoria: a posição não pode nem ao menos ser formulada e expressa sem contradição.

---

* Estou desconsiderando aqui as chamadas dificuldades-padrão, que levaram alguns lógicos modernos a encarar essas afirmações como sendo não tanto incoerentes quanto inadequadamente formuladas e, portanto, não sendo absolutamente afirmações.

Por outro lado, quando o relativismo em questão é simplesmente um relativismo com respeito a questões de ética e não com respeito ao conhecimento humano em geral, não parece haver a mesma inconsistência. Pois uma pessoa pode perfeitamente bem afirmar sem nenhuma contradição manifesta coisas como: "Sei que, quando se trata de questões de ética, ninguém sabe coisa alguma"; ou "A verdade é que a verdade sobre valores ou sobre distinções entre certo e errado, bem e mal etc. é inatingível". Aqui, obviamente, não há nenhuma lógica, i. e., nenhuma inconsistência na própria formulação da posição do próprio relativismo ético.

Embora no entanto não haja inconsistência lógica, há o que se poderia chamar de inconsistência prática. Tome-se o caso de qualquer relativista ético convicto, como a professora Benedict, ou o jovem adolescente, ou Mussolini. Se a análise precedente for correta, não há inconsistência alguma envolvida em meramente gostarem de ou serem favoráveis a uma posição de relativismo como tal. O único problema é que ser humano nenhum consegue parar em apenas ter convicções; ele também tem de viver e agir. Mas agir é escolher, e escolher é manifestar algum tipo de preferência por uma linha de ação em vez de outra. No entanto, manifestar qualquer preferência humana assim significa que, consciente ou inconscientemente, implícita ou explicitamente, tem-se de fazer um juízo de valor quanto a que linha de ação é a melhor ou a mais sábia ou a mais conveniente ou preferível. Mas que tipo de padrão de valor poderia utilizar o relativista ético ao fazer tais juízos? O sentido inteiro de seu relativismo reside precisamente no fato de que ele pretende contestar a validade de todo e qualquer padrão de valor. Sobre que base possível, então, o relativista pode agir, escolher e manifestar sua preferência por fazer uma coisa em vez de outra?

Pego em semelhante dificuldade, o relativista sem dúvida pode tentar raciocinar uma saída da seguinte maneira: ele pode tentar empregar seu próprio relativismo e ceticismo com respeito a todos os padrões de valor, como se isso mesmo fosse uma espécie de padrão de valor. Assim, podemos imaginá-lo dizendo a si mesmo, com efeito: "Uma vez que todos os padrões de valor são profundamente sem fundamento, uma vez que nenhum modo de vida ou linha de ação é realmente superior a qualquer outro, então para mim a coisa sensata a fazer é

1. Cultivar uma atitude de maior tolerância para com os vários modos de vida e padrões de comportamento que os homens escolheram para si próprios (professora Benedict), ou
2. Criar meu próprio conjunto de valores e tentar impô-los com toda a energia de que sou capaz (Mussolini), ou
3. Jogar fora todos os padrões morais e normas de conduta e simplesmente seguir maus impulsos e inclinações (o jovem liberado), ou
4. Seguir a multidão e limitar-me a obedecer aos padrões da comunidade de que sou membro, sendo essa a linha de menor resistência e a com menos probabilidades de me meter em encrencas e dificuldades (o cético cínico)."

Mas infelizmente, supondo que o relativista de fato raciocina de algum modo como esse, é óbvio que o raciocínio não resistirá nem por um instante a um exame. Pois a falácia é transparente demais na tentada inferência a partir da profunda relatividade de todas as normas morais e padrões de valor até uma linha de ação que o relativista considera a mais sábia e mais sensata para ele seguir, dadas as circunstâncias. Pois "mais sábia" e "mais sensata", nesse respeito, são apenas sinônimos de "melhor" ou "preferível". Donde, posto em sua forma mais elementar, o raciocínio do relativista resulta em não mais do que um gritante *non sequitur:* " Uma vez que nenhuma linha de ação é realmente melhor ou superior com relação a qualquer outra, concluo que a melhor linha de ação para eu seguir seria assim e assim."

Não surpreende que sob essas circunstâncias as conseqüências práticas do relativismo ético sejam tão variadas e conflitantes quanto as exemplificadas pela Srta. Benedict e pelo Signor Mussolini. De fato, à luz da análise que acabamos de efetuar, podemos agora ver que, não importam quais implicações práticas se busca derivar desse relativismo, elas estão destinadas a envolver a pessoa em uma inconsistência, não havendo modo possível em que a própria negação de todos os padrões de melhor e pior possa ser ela própria transformada em uma espécie de padrão de melhor e pior. Nem existe nenhum modo em que o relativista possa evitar a inconsistência prática de sua posição. Pois, por mais convencido que ele possa estar da relatividade de todas as normas e padrões de escolha, ele próprio deve, não obstante, agir e fazer escolhas. De fato, mesmo se *per impossibile* ele fosse tentar furtar-se a jamais fazer qualquer espécie de escolha, sua política de evasão seria ela própria o resultado de um tipo de escolha e envolveria pelo menos um julgamento implícito no sentido de que esse rumo de evasão era o melhor ou o menos ruim que ele poderia tomar sob as circunstâncias.

Henry B. Veatch

Fica-se quase tentado a sugerir que não há outro modo de um relativista ético escapar à inconsistência de sua posição, a não ser tendo a boa sorte de cair morto, ou de ser deixado *non compos mentis*,* imediatamente após convencer-se da verdade do relativismo e antes de ter tido a chance de fazer ou tomar uma única escolha ou decisão que seja, na base de suas recém-descobertas convicções. Esse, entretanto, parece ser um destino cruel de se desejar até a um relativista ético e certamente um preço alto a pagar meramente por consistência. Não seria mais fácil para ele deixar de lado por completo seu relativismo?

---

* Sem o domínio da mente, sem juízo; em latim no original (N. do T.).

CAPÍTULO II

A vida examinada: de volta a Sócrates e Aristóteles

I. REORIENTAÇÃO E RECOMEÇO

Nosso primeiro capítulo pode ter deixado o leitor com uma impressão de enorme confusão. O conhecimento ético, ao que parece, embora possa ser algo a ser ardentemente desejado, é ao mesmo tempo algo difícil de se alcançar, não só na prática, mas até em princípio. De fato, qualquer pessoa afirmar, no momento atual, que os homens efetivamente possuem uma arte de viver comparável às artes da guerra, da medicina ou da metalurgia seria simplesmente grotesco. E, o que é mais, parece não haver nenhum meio, ou nos fatos ou na lógica, de algum dia passarmos de um conhecimento científico dos fatos do comportamento humano a nenhum tipo de conhecimento moral ou ético do que se poderia chamar de os "deveres" do comportamento humano. O próprio projeto de desenvolver algo como uma arte ou habilidade de viver e de ser humano com fundamento científico parece ser irremediavelmente impossível.

E ainda assim, mal acabamos de expor a aparente impossibilidade de conhecimento ético e parecemos subitamente virar a mesa e afirmar que qualquer negativa de possibilidade de conhecimento ético é ela própria impossível. Ou se não exatamente impossível de modo lógico, essa negativa de conhecimento ético era pelo menos encarada como levando ao que, na falta de melhor denominação, decidimos chamar de inconsistência prática ou existencial.

Para onde, então, vamos a partir daqui? Bem, suponhamos que tentemos seguir em uma direção em que quase nenhum autor que presentemente escreve sobre ética esteja habituado a seguir. Suponhamos que levamos muito a sério essa situação humana aparentemente inescapável na qual nós, seres humanos, nos encontramos e de acordo com a qual não podemos muito bem negar a possibilidade de conhecimento ético sem com isso nos envolvermos em uma inconsistência prática ou existencial. E, uma vez que não podemos evitar uma pressuposição quanto à possibilidade de conhecimento ético, vamos fazer da necessidade uma virtude e presumi-lo. Tendo feito a pressuposição de que tal conhecimento é possível, vamos tentar converter a possibilidade em realidade concreta, mostrando o que de fato significa ser humano e no que de fato consiste um ser humano. Desse modo, talvez sejamos capazes de esboçar pelo menos os rudimentos de uma autêntica arte de viver.

Tal procedimento não é popular entre autores éticos contemporâneos. Ao contrário, isso simplesmente não se faz. Tornou-se lugar-comum hoje considerar que o único ponto de partida adequado para a ética não é a possibilidade de conhecimento ético, mas, ironicamente, sua profunda impossibilidade. Se isso parece paradoxal, lembrem-se do muito que já nos esforçamos para destacar, que uma atitude geral de relativismo e ceticismo com respeito a questões de ética é simplesmente dada como parte garantida da herança do homem moderno. Nem é meramente dada como certa; pois, conforme vimos, ela se apóia sobre duas pedras fundamentais gêmeas: (1) a relatividade aparentemente óbvia, simplesmente banal, de todas as normas morais e padrões de valor conhecidos e (2) a igualmente óbvia neutralidade – dessa vez como uma questão de princípio – de todos os fatos e ocorrências concretas dentro do mundo real.

Note-se também que, embora tenhamos tentado demonstrar que essa atitude de relativismo e ceticismo ético é indefensável, porque inconsistente, até agora não fizemos nada no sentido de solapar diretamente suas duas pedras fundamentais: a relatividade factual de normas morais e a impossibilidade lógica de fundamentar essas normas em fatos cientificamente observáveis. E nem sequer nos propomos a fazer alguma coisa do tipo, pelo menos não exatamente agora. Antes, nosso procedimento será simplesmente deixar essas dificuldades de lado, na certeza de que deve haver algum modo de resolvê-las, por mais que nós mesmos possamos estar no escuro quanto a que modo é esse. A base para essa segurança reside no que a esta altura devia ser uma consciência perfeitamente clara de que não se pode com consistência ser um completo relativista ou cético no que respeita à questão de ética.

2. O HOMEM NÃO TEM UM FIM NATURAL?

Dada a segurança de que o conhecimento ético é pelo menos possível, vamos esquecer os torpedos e partir direto para a questão do que sabemos e podemos saber em ética, do que é melhor para nós como homens e do que devemos e precisamos saber a fim de sermos autenticamente humanos. Esse empreendimento de determinar quais são nossos objetivos e propósitos humanos pode muito bem demonstrar ser menos difícil do que se poderia a princípio supor. Pondo de lado por um momento toda a nossa sofisticação contemporânea sobre a separação radical entre fatos e valores, que fato de mais patente há sobre os seres humanos, talvez até sobre os seres vivos de uma maneira geral, do que seu comportamento voltado para objetivos? De fato, a *Ética a Nicômaco*, de Aristóteles, começa muito impudicamente com o que em muitos respeitos não é mais do que um truísmo:

> Toda arte e toda investigação e, da mesma forma, toda busca e empreendimento prático, parecem visar a algum bem: donde foi bem dito que o bem é aquilo a que todas as coisas visam... Tal como há inúmeras buscas, artes e ciências, segue-se que suas finalidades são correspondentemente numerosas: por exemplo, o fim da ciência da medicina é a saúde, o da arte da construção naval é um navio, o da estratégia é a vitória, o da [economia doméstica] a fartura.[1]

Daí, Aristóteles parte para a conclusão natural:

> Se portanto, entre os fins a que nossas ações visam houver um que desejamos por ele próprio, enquanto desejamos outros somente por causa desse..., fica claro que esse único e extremo Fim deve ser o Bem, e de fato o Bem Supremo. Então um Conhecimento desse Supremo bem não será também de grande importância prática para a condução de vida? Não nos capacitaria melhor para atingirmos o que é adequado, como arqueiros tendo um alvo contra o qual mirar? Se assim for, devíamos fazer uma tentativa de determinar, em todos os eventos, em linhas gerais, qual é exatamente esse Bem Supremo e de qual das ciências teóricas ou práticas ele é o objeto.[2]

---

[1] Aristóteles, *Ética a Nicômaco*, trad. da Loeb Library, Livro I, cap. I, 1094a 1-3, 6-10.
[2] *Ibid.*, Livro I, cap. 2, 1094a 19-21, 22-27.

Ora, o interessante sobre essas passagens, para nosso propósito atual, é que aos olhos de Aristóteles, aparentemente, nada é tanto um fato da natureza quanto o que ele aqui apresenta como comportamento voltado para objetivos ou atividade que visa a algum fim. Donde supor que coisas como valores e objetos devem ser necessariamente extrínsecos a, ou fora da, natureza ou que valores não são em sentido nenhum fatos da natureza parece bastante forçado. Ao contrário, nada é mais natural ou mais parte do mundo da natureza do que uma múltipla variedade de mudanças e tendências naturais, todas elas de acordo com seus fins e valores apropriados.

Ora, na medida em que estamos sendo deliberadamente pouco sofisticados, tomando as coisas simplesmente como as encontramos, suponhamos que escolhamos um exemplo bastante diferente para ilustrar a mesma idéia. Tomemos, digamos, uma bolota de carvalho – um exemplo ao mesmo tempo elementar e banal, por certo, mas talvez muito revelador. Não podemos dizer que há alguma coisa em uma bolota que nos leva a ligá-la ou a associá-la de algum modo com um futuro carvalho? Isso com certeza não parece nos levar a nenhum raciocínio muito imaginoso, para não mencionarmos ousado ou temerário. Nada é mais natural do que uma bolota vir a se transformar em um carvalho; isso é simplesmente um fato da natureza; um carvalho é o fim natural de uma bolota. Se uma bolota viesse a se transformar em alguma outra coisa, digamos, um girino ou um arranha-céu, diríamos sem dúvida que isso não era meramente anormal, mas que extrapolamos!

Tudo isso não equivale a dizer que meramente porque a bolota é assim naturalmente orientada ou organizada para sua adequada e característica perfeição ela deve necessária e inevitavelmente atingir essa perfeição. Ao contrário, a bolota pode cair em terreno pedregoso e assim não amadurecer e se desenvolver adequadamente. Ela pode contrair alguma doença, de forma que o pequeno broto murcha e morre. Ela pode até ser comida por um javali. E nenhum desses eventos um tanto desfavoráveis pode ser considerado anormal. Ao mesmo tempo, até onde diz respeito à própria bolota, existe um sentido inteiramente adequado em que se pode dizer que esses acontecimentos são ruins para ela, na medida em que evitam ou a impedem de atingir sua perfeição ou fim natural. E, correspondentemente, pode-se dizer que são bons para ela aquelas circunstâncias e eventos que favorecem seu crescimento e desenvolvimento naturais. De fato, seguindo a terminologia de Aristóteles, o bem da bolota é simplesmente atingir seu fim ou perfeição naturais, o bem de qualquer coisa sendo aquilo a que ela naturalmente visa – ou, uma vez que a palavra "visa" geralmente conota propósito consciente, poderíamos parafrasear o *dictum* aristotélico dizendo que o bem de qualquer coisa é simplesmente aquilo em cuja direção ela é naturalmente organizada em seu desenvolvimento.

Assim, do ponto de vista de Aristóteles, não é necessário sair do mundo da natureza a fim de descobrir coisas como bens e valores. Ao contrário, valores são simplesmente fatos da natureza. Para descobrir qual é o bem de alguma coisa ou o que é de valor para ela, não precisamos ir além de nossa experiência humana comum, que basta para revelar as capacidades e potencialidades das coisas, quais são suas tendências e, daí, quais os fins ou objetivos rumo aos quais elas são naturalmente orientadas em seu crescimento e desenvolvimento natural. Nem é difícil ver como toda essa parafernália descritiva — potencialidade, fins, objetivos, tendência, perfeição natural, crescimento e desenvolvimento naturais etc. —, que poderia ser considerada originalmente adequada ao reino biológico, pode muito pronta e adequadamente ser transferida para o reino humano. Pois o homem é certamente parte do mundo da natureza. Conseqüentemente, tal como plantas e animais têm, todos, estados naturais de perfeição e maturidade, rumo aos quais seu próprio ser está organizado e orientado, e em cuja direção eles naturalmente tenderão e se desenvolverão, contanto que não interfiram condições adversas, assim também se pode presumir que o homem tem seu fim ou perfeição natural característicos, rumo aos quais sua vida tende naturalmente e aos quais ele visa naturalmente; isso pode, portanto, ser chamado de o bem natural do homem ou o bem humano.

Evidentemente, uma vez que um ser humano é mais do que apenas um organismo vivo, pode-se presumir que a perfeição humana ou o bem humano envolverão alguma coisa mais do que mera maturidade biológica ou mera saúde ou bem-estar físico, como no caso de plantas e animais. Antes, o bem humano envolverá o que poderia ser livremente chamado de a maturidade ou a condição saudável do homem inteiro, ou do homem em seu ser total. Da mesma forma, uma vez que o homem é um ser capaz de inteligência e entendimento, e conseqüentemente de comportamento planejado e deliberado sobre a base desse entendimento, também se pode presumir que o modo com que um ser humano alcança seu bem apropriado ou perfeição natural será bastante diferente do de uma planta ou um animal. No caso desse último, o organismo, conforme dizemos, simplesmente crescerá e se desenvolverá "naturalmente" até a maturidade, se não interferirem condições desfavoráveis. Em contraste, um ser humano pode presumivelmente atingir sua perfeição apenas por um reconhecimento consciente de qual é o fim humano e visando deliberadamente a esse fim adequado. Nesse sentido, poderíamos dizer que, por todo o resto da natureza, a perfeição natural é atingida "naturalmente" e por meio de processos naturais, enquanto no caso de seres humanos essa perfeição só é atingida por engenho e propósito. Mas em qualquer um desses casos, a perfeição ou o bem assim atingidos são naturais, sendo determinados pela própria natureza do ser em questão: pela natureza da bolota, no caso da bolota e do carvalho, e pela natureza do homem, no caso dos seres humanos.

3. Qual é, então, o fim natural do homem?

Talvez o melhor que possamos fazer seja deixar Aristóteles apresentar sua própria exposição do que é esse fim natural ou bem natural para um ser humano. Em sua maneira caracteristicamente concisa, mas esclarecedora, ele diz:

> Podemos agora voltar ao Bem, que é o objeto de nossa busca, e tentar descobrir exatamente o que ele pode ser. Pois o bem parece ser uma coisa em uma determinada busca ou arte e uma outra coisa em outra arte: é diferente na medicina do que é em estratégia, e assim em diante com o resto das artes. Que definição do Bem, então, se mostrará verdadeira em todas as artes? Talvez possamos defini-lo como aquilo em nome do que tudo o mais é feito. Isso se aplica a algo diferente em cada arte diferente — à saúde, no caso da medicina, à vitória no da estratégia, a uma

casa na arquitetura, e a algo mais em cada uma das outras artes: mas em toda busca e empreendimento ele descreve o fim dessa busca ou empreendimento, uma vez que em todos eles é em nome desse fim que tudo mais é feito. Donde, se houver alguma coisa que seja o fim de todas as coisas feitas por ação humana, isso será o Bem praticável – ou, se houver vários fins assim, a soma deles será o Bem.[3]

Seguindo adiante, ele pergunta diretamente qual se pode considerar ser o Bem Supremo para o homem. E a sua resposta é:

Talvez então possamos chegar a isso estabelecendo qual é a função do homem. Pois um flautista ou escultor ou artesão de qualquer tipo, e em geral qualquer um que tenha alguma função ou serviço a executar, será bom ou eficiente, acredita-se, de acordo com essa função; e semelhantemente pode-se afirmar que o bem do homem reside na função do homem, se ele tiver uma função.
Devemos então supor que, enquanto o carpinteiro e o sapateiro têm funções ou serviços definidos que lhes pertencem, o homem como tal não tem nenhum e não foi projetado pela natureza para preencher alguma função? Não devemos, antes, admitir que, tal como o olho, a mão, o pé e cada um dos vários membros do corpo manifestamente têm uma certa função que lhes é própria, então um ser humano também tem uma certa função além e acima de todas as funções de seus membros particulares? Qual, então, pode ser precisamente essa função? O mero ato de viver parece ser algo de que até as plantas participam, enquanto nós estamos buscando a função peculiar ao homem; devemos, portanto, pôr de lado as atividades vitais de nutrição e crescimento. Em seguida na escala vem alguma forma de vida consciente; mas disso também parece que tomam parte cavalos, bois e animais em geral. Resta portanto o que pode ser chamado de a vida prática do homem em posse de raciocínio.[4]

---

[3] *Ibid.*, Livro I, cap. 7, 1097a 15-24.
[4] *Ibid.*, ligeiramente alterado da versão da Loeb Library.

Em outras palavras, o bem do homem, de acordo com Aristóteles, resulta em ser não simplesmente uma questão de sobreviver e cumprir as funções vegetativas que são características das plantas. Não é nem mesmo uma questão de exercer as funções animais comuns, que o homem, evidentemente, tem, como qualquer outro animal. Além do mais, a perfeição natural do homem envolve o exercício daqueles poderes e capacidades que são distintamente humanos, isto é, a inteligência e o entendimento racional. E isso nos leva de novo direto de volta a Sócrates, para quem a vida boa para o homem é simplesmente a vida examinada, a chamada vida não-examinada não valendo a pena ser vivida.

4. Primeira objeção: isso não passa de um monte de banalidades óbvias

Ora, não será tudo isso bastante simples e óbvio? Ao mesmo tempo, infelizmente, deve parecer bastante trivial também. De fato, expressões como "razão", "inteligência", "perfeição natural", "entendimento humano", "a vida examinada" devem parecer tão gastas e corriqueiras, que expor suas razões nesses termos é perder a razão imediatamente. E, ainda assim, a culpa pode estar não em nossa linguagem, mas em nós próprios, de que a racionalidade do homem se tenha tornado um tal lugar-comum ao ponto de perder todo o significado para os homens vivendo no presente.

Suponhamos que nos apresentemos o seguinte caso hipotético. Suponhamos que alguém proponha fazer um acordo conosco, seja algum ditador ou o Grande Leviatã, ou o próprio demônio. Ele nos lembra como nossa existência é precária: nunca estamos livres de preocupações, medos, aflições, temores, insegurança de todos os tipos — bomba atômica, colapso econômico, revolução política, fracasso pessoal, tragédia na família. O que nos é oferecido, portanto, é a liberdade de tudo isso, liberdade do medo, liberdade da carência, liberdade de preocupações. A promessa é de que cuidarão de nós completa e absolutamente — nossas necessidades físicas, nossas necessidades biológicas, na verdade qualquer coisa que quisermos. E o preço? Será apenas o de que não saberemos o que está se passando. Oh, estaremos conscientes, com certeza, conscientes o bastante para termos ciência de nossos desejos e de que eles estão sendo satisfeitos. Mas não devemos esperar nem saber o que está se passando realmente e nem pretender saber. A própria pretensão ou a ilusão de "saber quanto está o jogo" nos será negada.

Essa é a proposta. Nós a aceitaríamos? Certamente não. É verdade que em ânimos de derrotismo, de infelicidade e de profunda desesperança homens já aceitaram propostas como essa. De fato, pode-se dizer que foi com efeito exatamente uma proposta como essa que um povo alemão derrotado aceitou quando, após a Primeira Guerra Mundial, esse povo confiou seu futuro a Hitler. Mesmo assim, ainda que os homens já tenham aceitado propostas como essa, e mesmo considerando que eles sem dúvida continuarão a ser tentados por tais perspectivas, de um modo geral, homem nenhum em seus sentidos preferiria a existência de uma vaca contente, por mais bem-alimentada e bem-tratada que seja, à existência de um ser humano com pelo menos algum entendimento do que está acontecendo.

Por mais estúpido, ignorante e obtuso que um homem possa ser — sim, ainda que ele reconheça para si mesmo sua própria inferioridade intelectual, tomada no sentido estrito e limitado –, ainda assim é mais do que provável que o que faz com que essa pessoa siga em frente e torna a vida suportável para ela é sua convicção secreta ou talvez não tão secreta de que, quando se trata de suas decisões e escolhas pessoais, ela não é realmente tão embotada e que, de acordo com suas luzes, ela afinal é bem esperta nas questões daquilo que Aristóteles, na passagem anteriormente citada, denominou "a vida prática do homem em posse de raciocínio".

Se não a realidade, então pelo menos a pretensão ou a ilusão de saber do que se trata as coisas e de qual é a coisa inteligente a fazer – isso, sugeriríamos, significa mais para um ser humano do que qualquer outra coisa. E é por isso que, na proposta hipotética que sugerimos pudesse ser feita a um homem, tivemos o cuidado de colocar seus termos de tal modo que até mesmo a pretensão ou a ilusão de saber teriam que ser abandonadas em troca do contentamento, segurança e liberdade de carências e preocupações prometidos. De fato, nenhum pretenso ditador moderno jamais iria tão longe, a técnica da ditadura e da demagogia sendo antes levar os homens a pensar que eles são espertos, informados e até mesmo sábios, enquanto, na verdade, privando-os da realidade de todo conhecimento e entendimento autênticos.

Em outras palavras, as próprias exigências de se tentar controlar as pessoas mantendo-as no escuro, ao mesmo tempo fazendo-as acreditar que estão na luz, tendem a confirmar o julgamento de Aristóteles sobre o valor supremo para o homem de ser esclarecido, de saber o que se passa – em outras palavras, de uma vida inteligente e examinada. Pois, quer sejamos realmente insensatos ou não, nós, seres humanos, queremos pelo menos acreditar que somos ajuizados. É por esse motivo que Aristóteles pode dizer muito legitimamente que o bem supremo para o homem é simplesmente viver de forma inteligente.

5. Segunda objeção: o que a inteligência tem a ver com ser um homem bom?

É provável que, neste momento, esteja para se sugerir mais uma dificuldade com esse *dictum* aristotélico. Pois meramente contrastar a vida inteligente do homem com a existência vegetativa das plantas ou a existência sensata dos animais é inteiramente compatível com aludir a um variado número de seres humanos que são com certeza bastante inteligentes mas em cujas vidas dificilmente pensaríamos como exemplos de perfeição humana, natural ou não. Por exemplo, e quanto a Joseph Goebbels ou talvez Joseph Stalin? Certamente não haveria como negar-lhes inteligência. E, o que é mais, eles não deixaram de botar sua inteligência para funcionar na busca prática de seus vários fins. Nesse sentido, eles não levaram suas vidas em nenhum mero nível vegetativo ou consciente. E no entanto, ao mesmo tempo, suas vidas foram qualquer coisa menos vidas examinadas no sentido socrático, pois, no caso de dois tão grandes mentores da malevolência nacional e internacional, é absolutamente óbvio que o conhecimento deles não foi buscado como uma fonte de auto-entendimento, de conhecer a si mesmo. No entanto, era totalmente utilitário para outros fins que não o conhecimento e o entendimento, fins como poder, ganância, vingança e auto-engrandecimento. Nesse sentido, as vidas deles não foram em absoluto vidas inteligentes ou examinadas.

Falando nisso, basta recordar a passagem citada anteriormente, na qual Sócrates censura seus companheiros atenienses por estarem tão preocupados em amontoar o maior volume de dinheiro, honra e reputação. O mais provável é que a consecução desses fins exigirá não meramente sorte, mas não pouca esperteza e inteligência — talvez mais, de fato, do que você ou eu possuímos, e talvez ainda mais do que Sócrates ou Aristóteles possuíam. Nem é provável que Sócrates fosse mais alheio a esse simples fato da vida do que a muitos outros. Mas, ainda que o homem cujo objetivo na vida é a riqueza, e cuja inteligência, por felicidade, é suficiente para alcançá-la, provavelmente é um sujeito muito astuto e inteligente, isso ainda não significa que sua vida possa adequadamente ser qualificada de inteligente. Pois a inteligência, no caso dele, provavelmente é usada como um mero instrumento a serviço de outros fins que não a própria inteligência, e isso só pode ser descrito como insensato e equivocado.

Em justificativa dessa última afirmação, basta apenas que se examine e se reflita sobre uma atitude tal para com a vida que fizesse da riqueza a última palavra da existência humana. É absolutamente óbvio que a riqueza, por sua própria natureza, não é senão um meio para outras coisas — as coisas que o dinheiro pode comprar. Isso não equivale a dizer que essas coisas possam não ser excessivamente valiosas e apaixonadamente desejadas, em particular quando não se as tem; e assim também o são o dinheiro e a riqueza como os meios de adquiri-las. Mas a questão é que meios não são fins, e confundir aqueles com esses é apenas tolice e estupidez. De fato, é preciso muito mais sabedoria e entendimento para saber como usar as riquezas, uma vez que se as tem, do que para saber como adquiri-las só para início de conversa. E é por isso que o pior tolo é um tolo rico, e é também por isso que qualquer um que busca, de maneira acrítica, a riqueza como o principal objetivo da vida, por mais inteligente que possa ser, simplesmente não é, afinal de contas, muito inteligente.

Além do mais, o mesmo se pode dizer do homem cuja louca paixão na vida é a ânsia pelo poder. Por mais brilho e talento que ele possa exibir na busca dessa finalidade, o fim em si não é inteligente, sendo a natureza mesma do caso um meio para algo mais: poder para fazer isso ou aquilo ou aquilo outro. Não é de surpreender, então, que a vida de um Goebbels ou um Stalin nos cause a impressão de ser algo desviado, distorcido, malbaratado e, nesse sentido, anormal: não é o tipo de vida que a inteligência e o entendimento recomendariam.

Semelhantemente, buscar honra ou reputação como um fim é igualmente não-inteligente, por mais que se precise explorar a própria inteligência para alcançá-las. É claro que, diferentemente de riqueza e poder, coisas como um bom nome e uma posição respeitada na comunidade não são necessariamente meros meios para a obtenção de outras finalidades ainda. Donde eles dificilmente podem ser criticados por envolverem uma óbvia confusão de meios com fins. Ao mesmo tempo, suponhamos que nos perguntemos exatamente por que ficamos tão aflitos a respeito de nossas reputações (pois a maioria de nós certamente fica). Um homem quer progredir no mundo e "mostrar àquele pessoal lá na minha cidade". Um outro busca a glória militar. Mais um ambiciona a publicidade dos jornais. Outro quer chegar ao alto da escada acadêmica. Outro quer escrever um livro que lidere a lista dos *best-sellers*.

Outro, ainda, quer ser o "homem do ano" do Rotary Club local ou da Câmara Municipal de Comércio. E assim por diante. Na verdade, nos Estados Unidos de hoje parece haver a mania de vencer socialmente, quaisquer que sejam a profissão ou o meio social em que nos encontremos, de forma a que alcancemos algum tipo de reconhecimento por parte de nossos próximos.

Mas por que isso? Por que buscamos tão avidamente o reconhecimento? Quando pensamos um pouquinho a respeito, podemos ver prontamente que não buscamos, ou pelo menos não devíamos buscar, honra e reputação por si próprias, mas apenas porque esse louvor e respeito de nossos próximos de algum modo servem para nos tranqüilizarmos e nos garantir que talvez tenhamos realizado alguma coisa ou resultado em alguma coisa afinal. Em outras palavras, honra e reputação não são propriamente fins, em absoluto, mas apenas marcas ou sinais do fim. E qual é o próprio fim? Possivelmente é apenas nosso próprio valor, nossa própria e real realização e perfeição. É isso que realmente buscamos; e, na medida em que passamos a pensar somente na nossa fama e reputação aos olhos dos outros homens e não em nós próprios e naquilo que nós mesmos somos, nessa mesma medida estamos sendo de novo não mais do que insensatos e não-inteligentes: pois tal atitude e modo de vida não suportarão exame.

No que, então, devem consistir esse real valor e realização, um valor e uma excelência a serem buscados por si mesmos e independentemente de se trazem ou não consigo fama, reputação e reconhecimento de nossos próximos? A se dar crédito a todo o nosso argumento precedente, pode-se descobrir que essa excelência reside no exercício de nossa função humana característica, ou seja, em levar uma vida inteligente e examinada. Além do mais, devia agora já estar claro que essa vida deve necessariamente ser uma vida em que o conhecimento e a inteligência da pessoa são empregados não como meros meios para a realização de fins irracionais, mas antes para prescrever e determinar os próprios fins. Isso e somente isso constituirá uma vida realmente inteligente e examinada e, como tal, envolverá exatamente aquela perfeição e realização de sua natureza humana rumo à qual se é, como vimos, orientado pela natureza.

Não obstante, mal buscamos assim determinar o fato de que a vida natural e "saudável" e, portanto, boa para um ser humano é simplesmente a vida de conhecimento e entendimento, quando então, com toda probabilidade, surge um outro e ainda mais sério mal-entendido. Pois pode-se sentir-se inclinado a, muito ingenuamente, supor que, nos dias atuais, aqueles cujas vidas são dedicadas à busca de coisas como "sabedoria e verdade", em contraste com "dinheiro, honra e reputação", não são senão os professores acadêmico-cientistas de nossas grandes instituições universitárias. Conseqüentemente, aplicada à cena contemporânea, parece que a vida boa para o homem, como Sócrates e Aristóteles a imaginam, acabaria sendo nada além do que a vida acadêmica do professor! Com semelhante desfecho, pode-se muito bem começar a questionar a sabedoria dos gregos. Semelhante peripatéia podia até constituir a *reductio ad absurdum* da ética socrática e igualmente da aristotélica.

Felizmente, porém, não é tanto Aristóteles o culpado aqui, quanto a um tanto questionável cadeia de raciocínio que nos levou alegremente do ideal socrático da vida examinada até a realidade patética da vida acadêmica dos dias atuais. Em primeiro lugar, é preciso apenas pouca perspicácia para ver que muitos de nossos exemplos mais distintos da vida acadêmica de hoje não são exatamente homens para quem sabedoria e verdade significam mais do que dinheiro, honra e reputação. Por certo, dinheiro nesses casos é desejado não tanto na posse dele quanto na falta dele. Mas, quanto a honra e reputação, essas são as coisas que realmente impelem o jovem e esperançoso acadêmico a labutar incessantemente no laboratório ou na biblioteca, queimando as pestanas em sua pesquisa, cavando bolsas Guggenheim e Rockefeller, enquanto sobe a escada do sucesso acadêmico, e finalmente acabando por ser uma autoridade internacional em soluções de hormônios ou na cerâmica dos índios zuni. E, quanto a sabedoria e verdade, essas não são coisas que importam academicamente. Não, é a reputação nacional ou internacional que conta!

Mas mesmo que fôssemos mais comedidos em nossa sátira, e concentrássemos a atenção sobre aqueles entre nossos acadêmicos e cientistas contemporâneos — e esses não são poucos — para quem um autêntico amor do conhecimento e do estudo é o motivo dominante de suas vidas, ainda pareceria haver uma marcada discrepância entre o fim e propósito de suas vidas e a idéia da vida examinada ou da vida inteligente, conforme representada por Sócrates. De fato, no capítulo anterior, tivemos muito o que dizer sobre como, na ciência e na erudição acadêmica modernas, a busca do conhecimento pelo conhecimento é curiosamente irrelevante para o desenvolvimento do caráter e da personalidade do próprio cientista ou acadêmico. É por isso que ficamos todos freqüentemente demais impressionados, hoje, somente com o brilho de um cientista ou a erudição de um acadêmico, e não ficamos minimamente impressionados com o próprio homem como ser humano.

Obviamente, no entanto, em seu louvor da vida dedicada à sabedoria e à verdade, Sócrates não tinha em mente uma caricatura como essa. No entanto, é digno de nota que, para atingir a vida examinada, não é suficiente que o conhecimento seja buscado como um fim e não só como um meio. Além disso, Sócrates tem sempre o cuidado de enfatizar que o tipo de conhecimento e sabedoria em que consiste a perfeição humana é o conhecimento do "Conhece-te a ti mesmo" e a sabedoria que contribui para a melhoria da alma.

Mas imaginem um economista ou um historiador medieval modernos, para não dizer um químico ou um físico nuclear, afirmando que toda sua atividade científica ou acadêmica era dirigida simplesmente para o fim de um maior autoconhecimento e da melhoria de sua própria alma. Há algo a respeito de quase toda a ciência e erudição modernas que parece torná-las não meramente impertinentes, mas na verdade antitéticas a qualquer coisa na ordem da sabedoria socrática.

Por certo, pode não ser incomum para um versado professor, quando se dá um jantar de reconhecimento em sua homenagem, logo antes de sua aposentadoria, ou quando ele é convidado a falar informalmente em um almoço de clube, se deixar de tal forma levar pelo espírito de lisonja da ocasião, ao ponto de estender-se, se for um matemático, sobre o grande valor do estudo da álgebra para desenvolver a integridade e a eficiência de caráter ou, se for um folclorista, sobre como a familiaridade com a estrutura da narrativa folclórica contribui diretamente para a produção de uma filosofia de vida sábia e benigna. Dadas circunstâncias extremamente favoráveis, pode-se até ouvir que não há nada exatamente como o estudo minucioso e esforçado de fósseis para desenvolver em um homem uma atitude realmente progressista e avançada com relação à existência humana.

E ainda assim, claramente, todas essas moralizações acadêmicas como veículos para a autocongratulação professoral são mais da natureza de lapsos profissionais do que integrais às próprias e efetivas disciplinas acadêmicas em si mesmas. Kierkegaard, em seu esforço para caracterizar "um indivíduo existente" em contraste com um mero "pensador abstrato", põe o dedo no próprio nervo da sabedoria socrática e, por implicação, a faz se destacar impressionantemente em comparação com a sabedoria acadêmica característica dos dias atuais:

> Um indivíduo existente... certamente pensa, mas pensa tudo em relação a si mesmo, estando infinitamente interessado em existir. Sócrates foi, assim, um homem cujas energias eram dedicadas a pensar; mas ele reduziu qualquer outro conhecimento a indiferença ao acentuar infinitamente o conhecimento ético. Esse tipo de conhecimento comporta uma relação com o sujeito existente, que está infinitamente interessado em existir.[5]

Pode ter ocorrido ao leitor que nos últimos parágrafos era sempre à autoridade de Sócrates que parecíamos estar apelando, e não à de Aristóteles. Poderíamos verdadeiramente dizer de Aristóteles o que a precedente citação de Kierkegaard tão apropriadamente diz de Sócrates? — que não era o conhecimento como tal que ele buscava, tanto quanto o autoconhecimento; não era conhecimento

---

[5] *Kierkegaard's Concluding Unscientific Postscript*, trad. de David F. Swenson e Walter Lowrie, Princeton, N. J.: Princeton University Press, 1944, p. 281.

pelo conhecimento, tanto quanto conhecimento pelo esclarecimento e a orientação, que só o conhecimento pode proporcionar, sobre como viver e como ser humano.

A resposta a essa pergunta não é fácil. Pois na passagem da *Ética a Nicômaco* que citamos antes,[6] encontramos Aristóteles insistindo que a função adequada e o fim verdadeiro do homem dificilmente poderiam consistir em meramente sobreviver (isso até as plantas podem fazer) ou em executar as funções animais características (isso cavalos e bois podem fazer). Não, a vida adequada para um ser humano será "a vida prática do homem em posse de raciocínio". Além do mais, pode-se interpretar isso como significando que o fim verdadeiro do homem consiste em nada mais do que simplesmente viver de forma inteligente. E *viver* inteligentemente não é meramente ter um QI elevado e nem sequer ter recursos de erudição professorais; antes é ter esse conhecimento que é relevante para a sua vida como ser humano, e empregar esse conhecimento humanamente relevante em relação à condução de sua própria vida.

Assim concebidas, as palavras de Aristóteles acabam sendo equivalentes à defesa de Sócrates da vida examinada. Mas os leitores da *Ética* hão de lembrar que, em acréscimo à passagem acabada de citar do Livro I, há também os célebres sétimo e oitavo capítulos do Livro X, em que Aristóteles inequivocamente proclama que o fim verdadeiro do homem e a vida boa para o homem necessitam consistir precisamente em pensamento, em atitude intelectual, em contemplação (*theōria*) – isto é,

---

[6] Ver anteriormente, p. 82.

em conhecimento pelo conhecimento.* "Que a felicidade consiste em contemplação", ele diz, "pode ser aceito como concordando tanto com o resultado já alcançado e com a verdade. Pois a contemplação é a um só tempo a mais elevada forma de atividade (uma vez que o intelecto é a coisa mais elevada em nós, e os objetos com que o intelecto lida são as coisas mais elevadas que se pode conhecer)...".[7]

Alguns parágrafos adiante ocorre aquela passagem extraordinária em que Aristóteles busca assemelhar a vida humana dedicada à contemplação a nada menos que à vida divina:

> Uma vida como essa, no entanto, será mais elevada do que o nível humano: um homem a alcançará não em virtude de sua humanidade, mas em virtude de algo em seu interior que é divino; e por mais que esse algo seja superior à sua natureza composta, sua atividade é tão superior quanto as outras formas de virtude. Se então o intelecto é algo divino em comparação com o homem, assim é divina a vida do intelecto em comparação com a vida humana. E nem nós devíamos obedecer os que determinam que um homem devia ter pensamentos de homem e um mortal pensamentos de mortalidade, mas devíamos, na medida do possível, alcançar a imortalidade e fazer tudo que os homens podem para viver de acordo com a coisa mais elevada neles; pois, embora isso seja pequeno em volume e em poder, em valor ultrapassa todo o resto.[8]

---

* Sem dúvida, a busca do conhecimento pelo conhecimento, como isso se manifesta nas buscas científicas e acadêmicas modernas, é muito diferente do objetivo aristotélico da *theōria* ou contemplação. Mas essa diferença é irrelevante para nossos presentes propósitos. Basta dizer que a busca moderna do conhecimento pelo conhecimento e o objetivo aristotélico da contemplação são muito diferentes do objetivo socrático do autoconhecimento e da vida examinada, ou até mesmo, em outro contexto, do objetivo do próprio Aristóteles de viver inteligentemente.

[7] *Ética a Nicômaco*, Livro X, cap. 7, 1177a 18-22.
[8] *Ibid.*, 1177b 26-1178a 1.

Aristóteles não deixa dúvidas de que pretende distinguir e exaltar essa vida de contemplação e pensamento em comparação com uma vida dedicada meramente a levar seu pensamento e sua inteligência a se relacionar com suas ações. Pois "a vida de virtude moral", ele diz, em contraste com a vida da mente e de contemplação, "é feliz apenas em um grau secundário. Pois as atividades morais são puramente humanas".[9]

Ora, exatamente o que devemos entender disso — que Aristóteles mudou seus pontos de vista entre o Livro I e o Livro X ou que ele foi simplesmente incoerente ou que os dois pontos de vista são, de alguma forma sutil, reconciliáveis e compatíveis, afinal? Bem, como já destacamos, nosso interesse não é com questões históricas quanto a exatamente o que Aristóteles quis ou não dizer, nessa ou naquela passagem. Suponham, entretanto, que simplesmente presumamos que o próprio ensinamento de Aristóteles a esse respeito esteja em conflito direto com o que estamos sustentando aqui. Suponham que ele não considerava que o fim verdadeiro do homem consistisse em *viver* inteligentemente, tanto quanto no exercício da inteligência pela inteligência, na busca do conhecimento e na contemplação da verdade.

Se essa era a posição de Aristóteles, então não temos alternativa senão "descer a mão em nosso pai" Aristóteles e sair em flagrante discordância com ele nessa questão particular. A base de nossa discordância é simplesmente nossa inabalável convicção de que viver não é pelo bem de saber, mas, antes, que é rumo ao viver inteligente que todos os nossos poderes e capacidades em última análise se dirigem, incluindo nossos poderes de conhecimento, e que é o pró-

---

[9] *Ibid.*, 1178a 9-10. Cf. todo o cap. 8 e especialmente 1178b 7-24.

prio homem que conta, mais do que todo o seu conhecimento, por maior que esse possa ser.* Em suma, o conhecimento pelo conhecimento nunca pode ser a última palavra da existência humana, nem o principal bem do homem pode nunca consistir na mera posse ou sequer no exercício do conhecimento. Não no exercício do conhecimento como tal, mas em seu uso no exercício prático de nossas vidas sob a orientação do conhecimento e entendimento que possuirmos,** deve-se achar que consiste nossa perfeição característica como seres humanos.

---

* Desnecessário dizer que essa divergência de Aristóteles não pareceria nem arbitrária, nem extraordinária, mesmo dentro de um contexto aristotélico, no minuto mesmo em que se reconhece que o intelecto humano é parte integral da pessoa humana, e não (como o próprio Aristóteles parece deixar implícito em uma críptica e intrigante passagem no *De Anima*, Livro III, cap. 5) um elemento extrínseco e divino que penetra no homem, por assim dizer, a partir do exterior.

** É questionável se ir tão longe compromete a pessoa a ir exatamente tão longe quanto Kierkegaard representa Sócrates como indo (cf. a passagem anteriormente citada, p. 94). Pois Kierkegaard parece achar que "conhecimento ético" deve ser de tal forma que envolva uma espécie de pensamento em que se pensa "tudo em relação a si mesmo" e que portanto Sócrates, embora certamente "um homem cujas energias eram dedicadas a pensar, era não obstante um pensador que reduzia qualquer outro conhecimento a indiferença no sentido de que acentuava infinitamente o conhecimento ético".

No entanto, a réplica que Aristóteles uma vez deu a considerações desse tipo ainda parece totalmente justa e relevante. Em oposição àqueles que insistiam em que nos limitemos simplesmente a um conhecimento do homem e das coisas úteis e importantes para o homem, Aristóteles respondeu que, embora "se possa afirmar que o homem é superior aos outros animais, isso faz diferença: uma vez que na natureza deles existem outras coisas muito mais divinas do que o homem" (1141 a33-b2).

Não obstante, pode-se certamente admitir o argumento que Aristóteles expõe aqui, sem com isso se ser forçado a admitir que a busca do conhecimento pelo conhecimento é a atividade mais elevada e o objetivo extremo do homem. Ao contrário, o conhecimento de coisas mais importantes e significativas (mais "divinas") do que nós próprios, e portanto de coisas que vale a pena saber por elas mesmas, pode ser do mais profundo significado e relevância para nós precisamente em nosso comportamento moral e na condução de nossas vidas.

HENRY B. VEATCH

Para resumir esta seção muito confusa e arrazoada sobre a relação da inteligência com o caráter humano, podemos dizer que a inteligência como um mero instrumento de riqueza ou poder ou prestígio não é eticamente significativa. Nem é a inteligência que a ética recomenda como o fim e objetivo de nossas vidas. Ao contrário, é a inteligência aplicada ao problema de viver – dirigida não para fins não-inteligentes como riqueza ou poder, mas no sentido de fazer as escolhas adequadas em nossa conduta como homens. Esse é o verdadeiro fim ou função do homem, ou *ergon*, como Aristóteles chamou. O homem inteligente, nesse sentido, é o homem bom ou o homem de caráter, e vice-versa, o homem bom, no sentido do homem que atingiu sua plena perfeição ou fim natural como ser humano, é o homem inteligente.

6. A VIDA BOA É EQUIVALENTE À VIDA FELIZ

E assim, por estranho que possa nos parecer, o decorrer de nosso argumento até agora parece apontar inequivocamente para a conclusão de que a vida boa para um ser humano é simplesmente a vida inteligente, e que o bem para o homem consiste em nada mais nada menos do que viver inteligentemente. Nem isso é tudo. Pois, tal como o bem para um ser humano pode ser equiparado ao que é natural para o homem, no sentido de seu fim natural ou perfeição natural, e tal como esse fim humano natural ou perfeição natural podem ser encarados como importando em não mais do que em um homem viver de um modo caracteristicamente humano – i. e., em seu viver inteligente –, então podemos agora observar que tudo isso, o bem verdadeiro do homem, seu fim ou objetivo naturais, e seu viver inteligentemente podem, por sua vez, ser equiparados a felicidade. A vida boa ou a vida inteligente, em outras palavras, acaba por ser nada além da vida feliz.

Aqui, com certeza, unimos forças novamente com Aristóteles — supondo que tenhamos de fato momentaneamente deixado sua companhia. Pois o aspecto não menos interessante da *Ética* de Aristóteles é o esforço que o filósofo faz para apresentar uma explicação da felicidade humana que a fizesse não uma mera questão de sentimento subjetivo por parte do indivíduo, mas algo objetivamente determinável. Para usar uma linguagem coloquial, a consideração relevante parece ser algo como o seguinte: um homem podia *achar* que estava em excelente saúde porque *se sentia* ótimo, e no entanto um exame médico mostraria que ele se encontrava longe de estar bem; assim, também, um homem podia achar-se bastante feliz e contente, por sentir-se muito satisfeito e nada inclinado ou a queixas ou à auto-reprovação, e no entanto seria completamente óbvio para um observador objetivo que esse homem "feliz" na verdade não era melhor que um tolo, todo o seu modo de vida sendo não inteligente, mas estúpido e ignorante, e talvez até mísero e mesquinho e assim, em um sentido perfeitamente objetivo, miserável e infeliz.

"Mas", poderiam vocês retorquir, "se um homem se sente contente, feliz e satisfeito, então não o é realmente?" Ao que a resposta é que estar satisfeito, contente ou feliz deve sempre envolver estar satisfeito, contente ou feliz por alguma coisa, em alguma coisa ou com alguma coisa. A pergunta, então, passa a ser: em que tipo de coisa um dado indivíduo encontra satisfação? Se for algo menos

Henry B. Veatch

do que ele é capaz como ser humano e daquilo para o que, como já vimos, ele é naturalmente organizado e orientado, então devíamos certamente dizer que essa pessoa conformou-se com menos do que deveria ter, ou que não sabia o que era bom para si, ou que seu senso de realização e satisfação e, portanto, de felicidade de algum modo se corrompeu e perverteu.

Em outras palavras, na visão de Aristóteles, a vida examinada é um objetivo ou fim ou direção a que todo e qualquer ser humano é naturalmente orientado, independentemente de se ele o sabe ou não, e independentemente de se ele o atinge ou não, do modo como uma bolota é organizada pela natureza para seu próprio desenvolvimento e perfeição completos como um carvalho adulto. É claro que um ser humano, sendo uma criatura de entendimento e escolha, deve ser contrastado com a bolota no sentido de que um homem não pode atingir sua perfeição por qualquer mero processo de desenvolvimento natural. No entanto, seu fim só pode ser atingido por engenho e propósito. E mais ainda, o que se espera que essa arte de viver, que se chama ética, ensine a um homem é nada mais nada menos que como viver de um modo caracteristicamente humano, i. e., sábia e inteligentemente, não sendo guiado por caprichos ou paixão, não por mera convenção social ou autoridade externa, mas pela luz da própria verdade como esta ilumina seu entendimento e assim serve como um farol para iluminar o caminho em cada decisão sua. Nem é nenhuma surpresa que, se e quando um ser humano de fato consegue viver desse modo inteligente e esclarecido, estará plenamente consciente de sua vida como sendo uma vida examinada, donde uma vida adequada ao homem. Em outras palavras, é a vida que satisfaz as opiniões, os esforços e as tendências naturais do homem; e porque é assim satisfatória, é a vida verdadeiramente feliz.

Conseqüentemente, quer chamemos de perfeição humana ou felicidade humana, bem moral humano ou bem-estar humano, é óbvio que, nessa visão da ética, a excelência humana ou a virtude humana será, nas palavras de Platão, "uma espécie de saúde, beleza e bom hábito da alma; e o vício será um mal, uma doença e uma deformidade dela". Fazendo um comentário sobre essa passagem, Lowes Dickinson observou adequadamente: "Segue-se que é tão natural buscar a virtude e evitar o vício quanto buscar a saúde e evitar a doença."[10]

7. Uma terceira objeção: as provas da ciência moderna deixam de confirmar essa visão do homem e de seu fim natural

Não podemos mais tentar desviar ou conter uma crescente onda de objeção que deve ter se sugerido a muitos leitores desde o início do presente capítulo, e que sem dúvida ganhou um impulso quase irresistível agora que nossa argumentação chegou ao clímax. Vocês estão sem dúvida se dizendo que a vigorosa retórica na conclusão da última seção não teria sido possível sem uma simples mas profundamente indefensável pressuposição, isto é, a de que existe esse negócio de fim ou objetivo natural rumo ao qual a vida e a existência humanas são naturalmente organizadas e orientadas. Mas isso os impressionará como sendo nada mais do que rematada teleologia, algo que era tido como certo na ciência aristotélica da Idade

---

[10] G. Lowes Dickinson, *The Greek View of Life*, 12th ed. Nova York: Doubleday, Page and Co., 1919, p. 142.

Média mas que foi totalmente deslocado pela revolução científica do século XVII e agora está mortinho da silva.

Vocês podem, caridosamente, admitir uma certa plausibilidade superficial em nossa argumentação em defesa da idéia de um fim natural ou perfeição natural da vida humana. Mas isso, insistirão, é somente porque em nosso raciocínio acrítico cotidiano todos nós constantemente recorreremos a todos os variados usos e suposições do bom senso e da linguagem comum. Isso certamente fazemos, no que respeita a plantas, animais e seres humanos, distinguindo entre os espécimes saudáveis e os doentios, entre os que atingem uma certa maturidade e perfeição e os que não conseguem fazê-lo. Também pressupomos — talvez muito acriticamente, não obstante, porém muito regularmente — que essas distinções entre o saudável e o doente, o amadurecido e o atrofiado, o bom e o mau são não meramente arbitrárias e convencionais, mas têm uma base e fundamento na própria natureza. E daí é apenas um pequeno passo, e um passo que todos nós damos sem hesitar na vida cotidiana comum, até a pressuposição de coisas como fins naturais, perfeições naturais, valores e bens naturais.

Ainda assim, temos apenas que nos empertigar rapidamente com a advertência severa contida naquela palavrinha mágica, "ciência", e expulsaremos imediatamente de nossas cabeças todos os pensamentos impuros de teleologia, de objetivos naturais, e daí de um fundamento natural para a ética. Nenhum biólogo moderno que se respeite jamais diria algo como que o bem natural da bolota é atingir seu pleno crescimento como carvalho. Ele provavelmente diria que, na medida em que respeita à própria ordem natural, a plena maturidade ou a condição saudável de uma planta não é "melhor" e nem "pior" do que seria para ela estar em uma condição mirrada ou de doença. De fato, a doença é exatamente tão natural quanto a saúde, ambas igualmente os resultados de causas igualmente naturais. E, quanto à noção de que pode ser cientificamente determinado que é melhor e mais natural para um homem viver inteligente e sabiamente em vez de tola e ignorantemente — isso é tão forçado que nem mesmo merece resposta.

Então, somos mais uma vez postos cara a cara com nossa antiga e aparentemente insuperável dificuldade: que valores não têm base possível em fatos, que não importa quanto conhecimento adquirimos dos fatos da natureza, nunca encontraremos prova de que há quaisquer distinções entre bom e mau, melhor e pior, certo e errado. Possivelmente, se quisermos que a ética seja justificada e fundamentada sobre qualquer tipo de base firme, só pode ser por meio de um apelo a alguma outra coisa que não fatos concretos ou acontecimentos e processos naturais.

Em suma, parece não haver meio de defender nossa tese básica, a não ser contestando a autoridade da própria ciência, e tal lesa-majestade é algo para o que não teríamos nem o estômago e nem a argúcia. Não obstante, a situação pode não ser tão desesperada, afinal. Pois, sem contestar diretamente a autoridade da ciência, pode ser possível demonstrar que uma autoridade como a que a ciência muito justificadamente possui realmente não tem nenhuma pertinência nem relação na presente instância.

Em certa época, todo mundo tinha como certo que qualquer coisa para a qual os cientistas não conseguissem encontrar prova não existia. Mas hoje os tempos são diferentes. Passou a ser geralmente reconhecido que, embora as verdades da ciência sejam irrepreensíveis na própria esfera da ciência, essa é uma esfera restrita. Além do mais, suas restrições são impostas por uma espécie de decreto inicial ou prática de autonegação por parte do próprio empreendimento científico. Já tivemos ocasião de citar uma parte do romance *The Search*,[11] de C. P. Snow, em que o personagem principal expõe francamente a natureza tanto restrita quanto restritiva da ciência.

> A ciência era verdadeira em seu próprio campo; ela era perfeita dentro de suas restrições. Selecionavam-se os seus dados – espalhava-se o seu próprio quebra-cabeças, por assim dizer – e no final resolvia-se o quebra-cabeças mostrando como ele se encaixava em outros dados do mesmo tipo. Agora sabemos o suficiente sobre esse processo para ver a qualidade dos resultados que ele pode nos dar; conhecemos, também, aqueles lados da experiência que ela nunca pode tocar. Por mais tempo que se faça ciência, uma vez que ela estabelece seus próprios limites antes de ela poder começar, esses limites devem permanecer.

Em virtude das limitações e exclusões auto-impostas da ciência, o universo científico será incolor e insípido, sem propósito e sem valor, e talvez até sem alma e desmiolado. Nem haverá nenhum indício de teleologia nesse universo, e certamente nenhuma base factual para juízos de valor, para não falar de juízos morais de qualquer tipo.

Dada a natureza reconhecidamente restritiva do empreendimento científico, não se pode inferir da ausência de fins e valores na imagem científica da natureza a ausência de fins e valores na natureza absolutamente. Mesmo se um programa de positivismo pudesse

---
[11] Ver anteriormente, p. 48.

ser elaborado com completa consistência filosófica, a adequação dessa explicação das coisas ainda estaria aberta a questionamento, não meramente na prática mas também em princípio. Pois mesmo supondo-se que ninguém pudesse apresentar provas de quaisquer fenômenos – de livre ação voluntária, de causas finais ou propósitos conscientes, ou valores estéticos ou percepção extra-sensorial, ou o que for – dos quais o positivismo não pudesse dar explicação em seus próprios termos científicos, ainda assim a demonstração poderia ser apenas convincente e não conclusiva, pelo motivo de que a possibilidade de explicação em termos científicos deve envolver a exclusão *a priori* de todos os dados que não se prestem aos procedimentos particulares de teste e verificação científica.

Nem é meramente o caráter limitado e restrito da verdade científica que torna questionável se ela tem qualquer pertinência ou significado particular em questões de ética. Existe também a questão de se o universo científico é algo com que se possa viver de forma prática, por mais que se possa estar teoricamente convencido de sua suficiência. De fato, existe a esse respeito uma questão prática ou existencial quanto à relevância e suficiência da ciência, não diferente do tipo de questão com que nos deparamos anteriormente com relação ao relativismo. Considerem por um momento o universo científico – seja o da física microscópica e subatômica, em que entra em jogo o princípio da indeterminação, ou o da física macroscópica, em que opera a teoria da relatividade; como esse universo científico é diferente do mundo do dia-a-dia, o mundo de cores e sons, de auroras e crepúsculos, de nascimento e morte, de "coisas antigas, longínquas e esquecidas e batalhas de antanho", de ventos invernais e verões causticantes, de renhidas animosidades e pequenos males, de ambições e derrotas, de justiças e injustiças, de provações e tribulações, de vitórias e triunfos, de labutas e descansos, de doença e saúde.

Mas dadas as manifestas diferenças entre o universo científico e o mundo do dia-a-dia, em que mundo é que nós, como seres humanos, "vivemos, nos movemos e temos o nosso ser"? É verdade, a pergunta é ambígua, e no entanto existe certamente um sentido no qual nenhum ser humano pode viver e agir, comer e dormir, ter sucesso ou fracassar, casar ou dar em casamento, comprar ou vender, votar ou se recusar a votar, em algum lugar a não ser no mundo do dia-a-dia, por mais que o mesmo homem, como físico ou químico ou biólogo, possa estar intelectualmente convencido de que o universo científico é a única realidade que existe. É por isso que, prática e existencialmente considerado, o fato do conhecimento e da sofisticação científicos parece impor sobre nós uma espécie de dupla verdade, fazendo de tantos de nós, se não efetivos esquizofrênicos, pelo menos homens cuja mão direita nem sempre sabe o que a esquerda está fazendo.

À luz dessas considerações, levando em toda a devida conta a hipersimplificação e até o exagero, podemos talvez começar a entender como o mero fato de que cientistas, em sua condição de cientistas, não parecem se deparar com quaisquer distinções de valor no decorrer de suas investigações — tudo isso não é realmente relevante, de um modo ou de outro, para os princípios e os fundamentos da ética. Não importa o que possa ser verdadeiro sobre os cientistas como cientistas, como seres humanos os mesmos cientistas estão constantemente cônscios, e constantemente agindo sobre, do que eles tomam como reais distinções de valor no mundo à sua volta. E é a prova de que nós, seres humanos, somos capazes de conseguir como seres humanos, e não necessariamente só a prova mais restrita e altamente artificial que somos capazes de conseguir em nossas condições mais especializadas como físicos, geólogos ou psicólogos, que é um requisito para os propósitos da ética e da filosofia moral.

Desnecessário dizer que seguir essa linha de defesa em relação à ética de modo nenhum serve para resolver todos os problemas. Ao contrário, qualquer apelo a "duas verdades", embora possa servir para mostrar a irrelevância das descobertas da ciência moderna nas questões de ética, ainda nos deixa, filosoficamente, na situação por completo insatisfatória de ter de reconhecer que a verdade não é uma, mas muitas. Mas esse é um problema de significação filosófica geral, donde não é um problema que necessariamente impeça o caminho para uma investigação das questões particulares da moral e da ética.

No entanto, por enquanto e durante o decorrer de nosso presente estudo, não poderíamos adotar como nosso um programa de pesquisa ética e para a investigação da natureza humana em geral que siga paralelo, pelo menos em alguns respeitos, ao programa de investigação fenomenológica que o destacado filósofo francês contemporâneo Maurice Merleau-Ponty caracterizou com tanta felicidade:

> A primeira instrução que Husserl deu à fenomenologia em seu início – que ela fosse uma "psicologia descritiva" ou um retorno "às próprias coisas" – é, antes de tudo, a rejeição da ciência... Tudo que conheço do mundo, até por meio da ciência, conheço de um ponto de vista que é meu ou por meio de uma experiên-

> cia do mundo sem a qual os símbolos da ciência seriam sem sentido. O universo todo da ciência foi construído sobre o mundo vivido [*le monde vécu*]; e se queremos conceber a própria ciência com rigor, ao mesmo tempo que valorizando exatamente seu sentido e significado, devemos primeiro redespertar essa experiência do mundo, pois a ciência é sua segunda expressão. A ciência não tem e nunca terá o mesmo tipo de ser que o mundo percebido tem, pelo simples motivo de que a ciência é uma determinação ou uma explanação desse mundo...
> Voltar às próprias coisas é voltar a este mundo como ele é *antes* do conhecimento e do qual o conhecimento sempre *fala* e com respeito ao qual toda determinação científica é abstrata, referencial e dependente, tal como é a geografia com respeito à paisagem onde aprendemos primeiro o que é uma floresta, ou uma pradaria ou um rio.[12]

Em outras palavras, para os propósitos da ética, nosso interesse será tentar voltar, em algum sentido pelo menos, às próprias coisas. Enquanto para nós isso não significará exatamente um retorno a este mundo como ele é "antes do conhecimento", envolverá pelo menos um retorno a este mundo como ele é antes do conhecimento científico, e com respeito ao qual certamente gostaríamos de insistir que toda determinação científica (no estrito sentido moderno de "científico") é "abstrata, referencial e dependente". Em qualquer caso, é o mundo do dia-a-dia, o mundo concreto da experiência humana comum, o mundo em que nos encontramos e em que devemos continuar a viver como seres humanos, que tem significado para a ética. É aqui que a ética deve encontrar a prova para todos os seus princípios e a confirmação de todas as suas conclusões.

---

[12] Maurice Merleau-Ponty, *Phénoménologie de la perception*, Prefácio, trad. de Alice Koller (mimeo., sem data, sem editora), pp. 2, 3, 4.

CAPÍTULO III

Por que não encarar a moral e a ética simplesmente como uma arte de viver?

I. A VIRTUDE COMO HABILIDADE OU *KNOW-HOW*

Pelo menos uma afirmação do capítulo anterior deve ter parecido a muitos de vocês incrível, se não totalmente ridícula: "É tão natural buscar a virtude e evitar o vício quanto buscar a saúde e evitar a doença."[1]

Mas, se assim é, vocês sem dúvida irão pensar: como é, então, que tantos de nós parecem tão pouco dados a seguir o caminho da virtude, preferindo, ao contrário, rotas que são muito mais sugestivas da "trilha florida do pecado"?*

Antes de podermos responder a essa pergunta, devemos primeiro abordar a pergunta prévia de exatamente o que, afinal, é esse negócio chamado "virtude". O que queremos dizer com essa noção?

Em nosso primeiro capítulo, brincamos com a idéia de que viver bem, ou aproveitar ao máximo sua vida, talvez não fosse mais do

---
[1] Ver anteriormente, p. 99.
* *"The primrose path"* ("o caminho de prímulas"), expressão com que Ofélia, no II ato do *Hamlet*, designa a via da concupiscência.

que uma questão de arte ou habilidade, em outras palavras, uma questão de saber como fazer. Por que não, então, simplesmente identificar a virtude, isto é, a virtude moral, com saber como viver? O homem virtuoso, então, seria o homem que houvesse adquirido a habilidade exigida para viver, ou para ser humano, assim como o homem a quem faltasse virtude seria aquele que não houvesse aprendido como viver, que não soubesse o que fazer ou como fazê-lo e que conseqüentemente estaria bem no caminho de fazer de sua vida uma enrascada e de fazer papel de tolo.

2. Os sentimentos, afetos e emoções humanos como aquilo com respeito a que as virtudes humanas são exercidas

Tudo muito bem. Suponham, portanto, que por enquanto aceitamos a proposta de que a virtude humana seja compreendida como simplesmente a habilidade ou *know-how* que são adequados a esse negócio de viver. No entanto, uma habilidade deve sempre se exercer com respeito a alguma espécie de situação típica; igualmente, qualquer tipo de *know-how* envolve o saber como fazer um tipo particular de tarefa quando nos confrontamos com um tipo particular de problema ou situação. Assim, um piloto hábil deve saber como conduzir seu navio por mares borrascosos, um médico de grande perícia deve saber como restaurar seu paciente à saúde em meio a condições de doença e decadência física e um hábil investidor deve saber como conservar e aumentar seu investimento original diante das frustrações do mercado e das cambiantes condições de negócios.

O que é, então, que o homem virtuoso deve fazer? Com respeito a que tipo de situações e problema a sua habilidade é exercida?

Para responder a essa pergunta, suponham que levantemos uma questão estreitamente relacionada: exatamente em que tipo de situação nos inclinamos a dizer que uma pessoa não agiu ou se comportou muito inteligente ou ajuizadamente? Não é difícil achar a resposta. Que qualquer um se pergunte se já perdeu a paciência, ou ficou empolgado, ou deprimido, ou se sentiu apressado e pressionado pela falta de tempo; e se sob essas circunstâncias não fez, pelo menos às vezes, coisas de que mais tarde se arrependeu, coisas que, como podia dizer, deveria ter visto que eram tolas e insensatas, se não estivesse tão zangado ou tão empolgado ou tão aborrecido.

Poderíamos, então, dizer que a virtude moral é simplesmente o tipo de habilidade ou de *know-how* que nos permite agir inteligentemente – dessa vez não diante de mares bravios ou de condições comerciais adversas, mas diante de nossos próprios sentimentos, impulsos e emoções? Isso, à primeira vista, parece plausível. Não obstante, precisamos levar a análise um pouco à frente e considerar casos muito mais complicados do que os de meramente ficar zangados, empolgados ou enervados.

Por exemplo, considerem o retrato satírico do conde de Shaftesbury, feito por Dryden:

> *Of these the false Achitophel was first;*
> *A name to all succeeding ages curst:*
> *For close designs and crooked counsels fit,*
> *Sagacious, bold, and turbulent of wit,*
> *Restless, unfix'd in principles and place,*
> *In pow'r unpleas'd, impatient of disgrace;*
> *A firey soul, which, working out its way,*

Fretted the pigmy body to decay:
And o'er-inform'd the tenement of clay.
A daring pilot in extremity;
Pleas'd with the danger, when the waves went high,
He sought the storms; but, for a calm unfit,
Would steer too nigh the sands, to boast his wit.
Great wits are sure to madness near allied,
And thin partitions do their bounds divide;
Else why should he, with wealth and honor blest,
Refuse his age the needful hours of rest?
Punish a body which he could not please,
Bankrupt of life, yet prodigal of ease?
And all to leave what with his toil he won,
To that unfeather'd two-legg'd thing, a son:
Got, while his soul did huddled notions try;
And born a shapeless lump, like anarchy.
In friendship false, implacable in hate,
Resolv'd to ruin or to rule the State... .[*2]

---

[2] John Dryden, *Absalom and Achitophel. The Poetical Works of John Dryden*, Boston: Houghton Mifflin Co., 1909, pp. 111-12.

* (Desses, o falso Achitophel foi o primeiro; / Um nome para as futuras gerações molesto e grosseiro; / Para projetos secretos e conselhos desonestos o tipo adequado, / Espírito turbulento, sagaz e ousado, / Inquieto, instável nos princípios e na função, / Insatisfeito com o poder, impaciente na objeção; / Uma alma fogosa que, cavando o seu destino, / Arruinou o corpo pequenino: / E fez o manto de barro mofino. / Piloto arrojado nas horas extremas; / Quando as ondas subiam, no perigo punha empenho, / Buscava as tormentas; para a calmaria não tinha gênio, / Pilotava bem rente à areia, para exibir o seu engenho. / Grandes capacidades à loucura são chegadas, / E por finas divisórias essas fronteiras são separadas; / Por que então iria ele, com tantas bênçãos ungido, / Recusar ao corpo jovem o repouso exigido? / Castigar um corpo a que não podia agradar, / Falido de vida, mas rico de bem-estar? / E tudo para deixar o que ganhou à custa de seu esforço, / Para um filho, algum implume moço: /

Sem nos preocuparmos com a justiça ou a exatidão histórica dessa caracterização, não reconhecemos prontamente os tipos de "enganos" e "erros" em que se pode dizer que uma pessoa como Shaftesbury tenha caído? Sua inquietação de espírito, seus sentimentos de amargura e ressentimento, sua imprudência, sua vindicatividade — todas essas qualidades indicam não apenas impulsos passageiros e sentimentos momentâneos que levam um homem a fazer coisas que ele mesmo reconhece terem sido estúpidas e insensatas. O que está envolvido aqui são hábitos estabelecidos e padrões de comportamento que parecem ter deixado o homem relativamente impermeável a conselhos mais sensatos e racionais. Assim, se por um lado o próprio Shaftesbury poderia reconhecer que o modo como estava se conduzindo e o que vinha fazendo de si mesmo era desajuizado, nós e outros que podíamos estar em posição de encarar a situação de modo mais objetivo podemos ver que isso era precisamente o que estava acontecendo.

Mas isso não faz só confirmar nossa sugestão anterior de que, nesse negócio de viver, aquilo com que a arte e a habilidade têm de lidar são coisas tais como nossas próprias inclinações e tendências pessoais, nossas paixões e sentimentos? É diante dessas coisas que devemos agir inteligentemente, se nosso interesse for viver hábil e inteligentemente, e não apenas investir dinheiro ou pilotar um avião ou defender um processo hábil e inteligentemente.

Vamos, no entanto, considerar um outro exemplo, desta vez um exemplo reconhecidamente ficcional, mas que qualquer pessoa que

---

Feito enquanto sua alma em confusão se debatia; / E nascido um troço sem jeito, da forma uma anarquia. / Falso na amizade, no ódio imoderado, / Decidido a arruinar ou governar o Estado...).

tenha estado ligada à vida acadêmica há de reconhecer como verdadeiro. É a descrição de C. P. Snow de um dos personagens, em *The Masters*:

> Olhei em torno sua sala de estar. Era desinteressante, a sala de um homem concentrado em si mesmo, de forma que não tinha nada a despender no exterior; não mostrava nada do conforto sólido e rico de que Brown dotara a sua, ou o caráter pitoresco excêntrico da de Roy Calvert. Nightingale era um homem fechado em si mesmo. A suspeita e a inveja o habitavam. Sempre teriam vivido nele, não importa como a vida o houvesse tratado; eram parte de sua natureza. Mas ele não dera sorte, havia se frustrado em sua esperança mais acalentada e agora a inveja nunca o abandonava.
> Tinha quarenta e três anos, e era solteiro. Por que não havia se casado não sei: não havia nele nada de pouco masculino. Essa não era, porém, sua permanente decepção. Ele um dia fora uma grande promessa. Soube o que era ter sonhos criativos; e estes não se haviam realizado. Essa era a sua amargura. Quando muito moço havia mostrado uma centelha de real talento. Fora um dos primeiros químicos teóricos. Ao vinte e três anos havia escrito dois bons ensaios sobre estrutura molecular. Ele havia, assim me disseram, antecipado Heitler-London e a teoria orbital; estava dez anos à frente de sua época. Havia sido eleito para a universidade, tudo parecia fácil. Mas a centelha se extinguira. Os anos passaram. Muitas vezes ele teve novas concepções; mas o poder de executá-las lhe fugira.
> Isso teria sido amargo para o mais generoso dos corações. No de Nightingale, inflamou-o de inveja. Ansiava em compensação por todo cargo a seu alcance, fosse isso ou não razoável. Era mórbido que houvesse fantasiado suas possibilidades para o professorado à frente de Brown, mais velho que ele e o homem talhado para a função; mas isso doía dentro dele mesmo após doze anos. Cada cargo na universidade para o qual era deixado para trás, ele via com intensa suspeita como um sinal da conspiração dirigida contra ele. Sua reputação em sua disciplina se acabara. Agora, ele não entraria para a Royal Society. Mas todos os anos, quando março se aproximava, ele esperava pela proclamação das eleições na Royal Society em expectativa, em angústia, amargurada suspeição, em alguns momentos no conhecimento do que ele poderia ter sido.[3]

---

[3] C. P. Snow, *The Masters*, Garden City, Nova York: Anchor Books, 1959, pp. 44-45.

Essa passagem pede poucos comentários. Os sentimentos de um homem de inveja, de frustração, de suspeita, podem impedi-lo de conseguir algo como uma vida examinada, no sentido de Sócrates, ou uma vida inteligente, no de Aristóteles. Mais uma vez, o tipo de situação com respeito à qual a habilidade na arte de viver torna-se pertinente em uma situação que pede o exercício da inteligência com referência a nossos sentimentos e emoções.

Talvez um exemplo final possa não estar deslocado nesse respeito. Desta vez vamos nos voltar para a caracterização de Charles I, da Srta. C. V. Wedgwood:

> O Rei pequeno e fastidioso presidia convenientemente sobre sua corte bem-organizada. Reservado por natureza, era ainda mais isolado por aquela ligeira dificuldade na fala que o fazia evitar todos os contatos, a não ser os formais, exceto com seus familiares. Até mesmo seus amigos eram mantidos a distância, mas com um comportamento comedido e cortês que todos compreendiam, e que alguns, que eram eles próprios formais, passaram a apreciar... O impróprio, o ridículo, o meramente humano foram excluídos de sua vida pública, e quase toda a sua vida era pública.[4]
> O Rei tinha um elevado senso de dever para com as pessoas que ele encarava como um encargo sagrado de Deus, mas isso era compatível com um aberto desagrado com sua proximidade e suas opiniões. Era somente, talvez, quando tocava os escrofulosos,* na Páscoa e na festa do Dia de São Miguel, que ele permitia que o vulgo chegasse perto de sua pessoa real.
> Ele nunca sofrera a dolorosa experiência com que seu pai, quando jovem, aprendera tanto; nunca teve de confrontar opositores

---

[4] C. V. Wedgwood, *The King's Peace*, Nova York: Macmillan Co., 1955, p. 70.

* Escrófula, termo histórico para designar a linfadenite tuberculosa cervical, era conhecida em inglês como King's Evil, devido à crença de que o toque da mão de um rei poderia curá-la; era tradição que o rei tocasse os escrofulosos na Páscoa e no dia de São Miguel (29 de setembro) (N. do T.).

insolentes cara a cara, cabendo-lhe a pior parte do confronto. Nenhum perigo nacional o forçara a ir para o meio de seu povo e participar de seus riscos. Ele foi, em seu tempo, não só o mais formal, mas também o mais afastado e recluso de todos os reis europeus.

O que ele conhecia dos homens, conhecia principalmente por narrativa e estudo. Como muitos homens tímidos e meticulosos, gostava de aforismos e escrevia nas margens dos livros, em uma caligrafia bela, delicada e cuidadosa, máximas como "Poucos grandes faladores são bons fazedores" ou "Só os covardes são cruéis". Ele confiava mais nessas essências da sabedoria de outros homens, destiladas e postas em vidros, do que em sua própria experiência, que era, na verdade, limitada; seu contato diário com o mundo se limitava ao interior do círculo limitado de sua corte e do campo de caça.[5]

O ideal estava constantemente diante de seus olhos, mas a moda intelectual e estética da época, fortemente inclinada à alegoria, obscurecia as dificuldades práticas da função. O rei vivia em um mundo de ilusões poéticas e não podia deixar de ser afetado por elas. Para ele e seus cortesãos, os acontecimentos mais comuns eram rapidamente emoldurados em um disfarce clássico ou pastoral. A condessa de Anglesey deu uma festa vespertina para a rainha e imediatamente os poetas invocaram a deusa Diana e ordenaram às estrelas que saíssem de suas esferas...

A ornamentação alegórica na poesia e nos cumprimentos insensivelmente se estende a outras coisas e se torna quase um hábito da mente. O rei às vezes parecia tratar o governo e a política como se a paz e o contentamento do reino estivessem de fato garantidos porque, em seus divertimentos de Natal, um carro dourado sobre uma nuvem branca desceu contra o pano de fundo celestial trazendo a Paz "em um traje florido, como a Primavera", com borzeguins de tafetá verde, uma guirlanda de oliveira na cabeça e um ramo de palmeira na mão.[6]

---

[5] *Ibid.*, p. 72.
[6] *Ibid.*, pp. 61-62.

Coitado do pobre Charles, a se dar crédito a essa narrativa. A meticulosidade e os melindres do rei, sua timidez, sua letargia com respeito a questões dos negócios e assuntos públicos e sua sensibilidade estética levaram-no a confundir um grandioso mundo barroco de sonhos com o mundo mais grave e sombrio da realidade. Não surpreende que tenha deixado passar tão completamente o objetivo socrático de conhecer a si mesmo e, correlacionadamente, conhecer a real situação humana em que se encontrava. Mais uma vez, fica claro que viver inteligentemente envolve ver as coisas como elas são e ver a si mesmo como se é, em meio a todas as confusões e deturpações devidas a suas próprias paixões, predileções e preconceitos.

3. Mas o que são "sentimentos", "afetos", "emoções" e "inclinações"?

Qual é a natureza desses fatores perturbadores e aparentemente irracionais no comportamento dos homens que nós muito livre e indiscriminadamente rotulamos de "paixões", "impulsos", "sentimentos", "emoções" etc.? Aparentemente, a virtude humana importa em não mais do que uma certa habilidade ou competência em lidar com essas afeições humanas irracionais. Mas temos alguma idéia bem clara do que essas coisas são?

Para enfrentar esse desafio, propomos não se ter de recorrer às teorias e descobertas da psicologia moderna — "Quando a ignorância é bem-aventurança, é insensatez ser sábio" —, mas sim seguir o mais estreitamente possível nossa experiência humana comum nessas questões. Logo no princípio, nosso empreendimento parecia se tornar quase sem esperanças, por força da aparentemente ilimitada diversidade e heterogeneidade de coisas como sentimentos, desejos, emoções, estados de ânimo, atitudes e paixões. Como será possível um dia reunir tudo isso sob um único gênero, de forma a que possa ser tudo igualmente compreendido como apenas muitas fontes de confusão e interferência, com respeito à conduta de vida racional?

Por exemplo, não deve ser reconhecido que o seu sentimento de torpor e tédio quando lê um livro chato é uma coisa muito diferente da cega e avassaladora paixão de ciúmes de Otelo? A preguiça perene e hábitos perenes de procrastinação têm alguma coisa em comum com aquele irascível excesso de confiança e rígida autosegurança que pertenciam ao Édipo, de Sófocles? E, no entanto, parecemos estar sugerindo que todas essas coisas – tédio e preguiça, os ciúmes de Otelo, a autoconfiança e até mesmo arrogância de Édipo – tudo isso deve ser encarado como fatores estritamente comparáveis, no sentido de que todos igualmente tendem a militar contra uma conduta de vida realmente inteligente: elas nos cegam para a verdade sobre nós próprios e nos impedem de agir de modos que mesmo nosso melhor julgamento recomendaria.

E mesmo se a múltipla diversidade dos impulsos e afeições humanos pudesse ser toda agrupada sob um mesmo título, não é um engano patente supor que todas essas paixões e motivos, todos esses gostos e desgostos são necessariamente ruins, que são todos recalcitrantes e até mesmo contrários aos ditames da razão e da inteligência? Tédio com um livro chato pode ser sinal de um bom julgamento, e indignação pode muitas vezes ser justificada.

À luz de considerações e advertências como essas, nossa tarefa agora é fazer uma exposição tal das afeições e emoções humanas que possa deixar evidente não só sua unidade genérica, mas também sua anbigüidade e ambivalência característica: se são benéficas ou prejudiciais, se são contribuintes ou inibidoras com respeito a nosso interesse humano de viver inteligentemente e levar uma vida examinada. Talvez, no entanto, essa tarefa não seja tão difícil quanto parece. Pois tem-se apenas de considerar a condição, ao mesmo tempo tão óbvia e tão universal, em que todo ser humano inevitavelmente se encontra, de ser jogado em um mundo circundante de pessoas e coisas e ser forçado constantemente a calcular o que pode ser vantajoso ou prejudicial, agradável ou doloroso, feliz ou infeliz, benéfico ou desastroso. Sob tais circunstâncias, não é surpreendente que os seres humanos tenham desenvolvido vários mecanismos de alerta e controle, termostatos, se quiserem, que registrem a aproximação tanto de perigos quanto de benefícios e que então desencadeiam adequadas reações e disposições por parte do organismo – digamos medo, no caso de uma ameaça de dano, ou desejo, no caso de um benefício prometido, ou desespero, no caso de um desastre aparentemente certo.

4. Uma possível classificação de desejos e emoções, de acordo com suas respectivas funções termostáticas

A esse respeito, alguns dos esquemas mais antiquados para classificar as paixões e emoções não são de modo algum não-instrutivos. Por exemplo, um modo de classificação[7] era considerar os senti-

---

[7] Esse é o esquema básico usado por Santo Tomás de Aquino. Para uma breve mas excelente exposição moderna desse modo de classificar as paixões, cf. John Wild, *Introduction to Realistic Philosophy*, Nova York: Harper and Brothers, 1948, cap. 5, especialmente pp. 110-12.

mentos dos chamados amor e ódio como básicos. Com "amor" e "ódio" se queria dizer não mais do que aprovação e agrado pelo que parece ser bom ou benéfico, e desaprovação ou desagrado pelo que é tomado como mau ou prejudicial. As palavras "amor" e "ódio" são realmente fortes demais e carregadas demais para transmitir adequadamente a idéia relativamente neutra e geral de uma oposição entre o que alguns pensadores recentes chamaram de "atitudes pró", de um lado e, de outro, "atitudes contra".[8]

Em qualquer caso, pode-se prontamente entender como, tomando como básica essa "atitude pró" com relação ao que parece ser digno ou de valor, essa atitude se transforma em desejo, quando o objetivo de valor está ausente, e em alegria ou prazer, quando ele está presente. Correspondentemente, uma atitude de desagrado ou desaprovação, uma "atitude contra", se transforma em positiva aversão quando o de que não se gosta está ausente e em um sentimento de dor ou aflição quando está presente. De modo semelhante, um sentimento ou emoção como o medo deve ser compreendido como o tipo de reação que é adequada para com aquilo que nos desagrada mas que, em vez de estar efetivamente presente, é iminente e ameaçador. De igual maneira, vários outros sentimentos, como esperança, desespero, inveja, ressentimento e raiva, podem ser compreendidos em termos da difícil ou fácil acessibilidade ou evitabilidade de objetos para com os quais manifestamos ou atitudes pró ou atitudes contra.

---

[8] Cf. P. H. Nowell-Smith, *Ethics*, Londres: Pelican Books, 1954, pp. 112-21.

5. As limitações desses controles termostáticos de nossas ações e reações, e o papel das virtudes em compensar essas limitações

Reconhecendo as limitações e inadequações desse esquema classificatório dos sentimentos e emoções humanos, podemos começar a ver, em termos de um esquema desses, exatamente o que tende a ser a natureza peculiar do problema ético ou moral do homem. É bom e está bem que nossos controles termostáticos humanos nos façam ter medo na presença do perigo ou nos deixem ávidos e desejosos em expectativa do que promete ser benéfico, ou contentes e satisfeitos com a relação de algo digno e valoroso. Mas se aquilo de que temos medo mostrasse não ser em absoluto um perigo real, ou se aquilo que estamos tão ávidos para obter na verdade não fosse realmente de valor, ou se o que tomamos como motivo de autocongratulação e auto-satisfação acabasse sendo algo trivial e insignificante, isso nos faria parecer tolos e ridículos.

Em outras palavras, não há nada errado em um homem ficar zangado ou satisfeito ou chateado ou atemorizado ou desanimado ou agradado, contanto que o objeto de seu sentimento ou emoção seja autenticamente provocante, ou agradável, ou chato, ou perigoso, ou desanimador ou satisfatório. Pois sem emoções e paixões um ser humano não seria humano, mas um mero pedaço de carne para se atingir a perfeição humana. Nesse sentido, então, o aspecto comum que se pode dizer que caracteriza todas as nossas espantosamente diversas e heterogêneas emoções humanas não é que elas tendem a ser um elemento refratário que provavelmente perturbará a conduta de vida inteligente e sensata. Ao contrário, nossas sensações são o próprio motivo, ou forças emotivas de nosso ser, impelindo-nos para aquilo de que precisamos e que seria benéfico para nós, e nos afasta do que seria prejudicial, perigoso e mau.

 Sob essa luz, então, fica claro que todas as nossas afeições e inclinações humanas podem ser reunidas sob um único título, no que respeita à sua relevância e importância para uma vida autenticamente humana. E fica claro também que esses apetites e emoções, longe de serem de todo ruins, são indispensáveis auxiliares, e até mesmo promotores da vida boa. Tal como o mar não é obstáculo para um piloto hábil ou a economia nacional uma obstrução para um hábil investidor na Bolsa, assim os sentimentos e as emoções de um homem não devem em nenhum sentido ser encarados como ruins, contanto apenas que o homem tenha a indispensável habilidade para utilizá-los e lidar com eles. De fato, em qualquer arte ou habilidade, o objetivo não é eliminar o material em cima do qual o artista trabalha, mas usar, controlar e passar a dominar esses materiais. E assim é na arte de viver: o homem virtuoso é aquele que sabe como utilizar e controlar suas próprias emoções e desejos.

 Mais especificamente, então, por esse ponto de vista a moral e a ética devem ser encaradas como envolvendo não mais do que aprender e saber como fazer nossa inteligência e nosso entendimento agirem sobre nossas paixões e desejos. Pois, como é bastante óbvio, esses últimos, em seu papel de controles termostáticos, governando a liberação de nossas energias apetecedoras e rejeitadoras, não são nada confiáveis. De fato, como agora deveria ser evidente, não há atitude pró ou atitude contra, humanas, nenhuma emoção ou paixão ou sentimento humanos, que não envolvam pelo menos um juízo de valor implícito sobre algo bom ou mau para o indivíduo interessado. Mas esses julgamentos sub ou pré-racionais freqüentemente levam a enganos. De acordo com isso, a função de nossa inteligência e nosso raciocínio humanos, em um contexto moral, é fornecer um necessário corretivo dos juízos muitas vezes equivocados implícitos em tantas de nossas emoções, como, por exemplo, quando ficamos zangados, enquanto na verdade não há nada com que se zangar, ou quando nos obstinamos em conseguir algo com que mal vale a pena se empolgar, ou quando ficamos deprimidos e sentimos autopiedade, ainda que nossa situação não seja em nada tão ruim quanto nos levamos a acreditar.

6. UMA POSSÍVEL ILUSTRAÇÃO DE COMO ESSAS VIRTUDES ÀS VEZES OPERAM: A DOUTRINA DE ARISTÓTELES DO MEIO-TERMO

Para servir de ilustração de como essa habilidade ou *know-how* no negócio de viver tende a operar com respeito a nossos impulsos e sentimentos, pode ser instrutivo considerarmos rapidamente a célebre doutrina do meio-termo, de Aristóteles. Por certo, esse princípio pode não ter a aplicabilidade universal que Aristóteles parecia achar que tinha. Pois parece muito pouco plausível supor que, com respeito a toda e qualquer atitude pró ou contra que possamos ter, o papel do juízo inteligente será sempre e necessariamente o de mediação entre excesso e deficiência, como se cada atitude dessas, seja pró ou contra, estivesse fadada a sê-lo ou demais ou de menos. Por outro lado, se aceitamos a suposição, ela acaba sendo um mero truísmo, que não nos diz muita coisa. Pois como é que ajuda alguém a levar a sua vida o meramente dizer-lhe que deve tomar o cuidado de não sentir forte demais, e no entanto ter também o cuidado de sentir fortemente o bastante, de não desejar uma coisa demais e no entanto desejá-la o suficiente?

Não obstante, apesar de todas as insuficiências e até perigos dessa doutrina do meio-termo, talvez ela possa ser usada como um expediente para ilustrar como algo do tipo da habilidade e do *know-how* pode ser levado a ter relação com nossos gostos e desgostos humanos.

Para começar, consideremos a maioria das reações e sentimentos humanos com respeito a situações típicas em que os homens se encontram — confiança e desestímulo, entusiasmo e indiferença, cautela e imprudência, apreço e desprezo, simpatia e hostilidade, preocupação e descaso, insatisfação e complacência. Ora, não há dúvida de que alguns de nós, o tempo todo, e talvez muitos de nós parte do tempo, nos permitiremos preocuparmo-nos em excesso com nossos assuntos, ou então não nos preocuparmos o bastante; ou ficarmos excessivamente insatisfeitos com nosso quinhão na vida, ou então sermos preguiçosos e complacentes; sermos simpáticos e afáveis com todo mundo, ou então grosseiros e do contra; sermos ridiculamente cautelosos e cuidadosos, ou então imprudentes e de modo algum cuidadosos o bastante; sermos cegos para tudo que é digno e de valor, exceto o que é ditado por uma ambição avassaladora, ou então indolentes e letárgicos, sem nenhuma iniciativa; sermos os eternos otimistas, indiscriminadamente confiantes quanto a tudo, ou então os pessimistas sombrios, sem nenhum julgamento seguro sobre até mesmo aquelas possibilidades e oportunidades que são autênticas e genuínas. Nem há nenhuma dúvida de que o comportamento mais sensato seria o que conseguisse a mediana justa entre esses extremos.

Henry B. Veatch

É verdade que nesses julgamentos há muito que é relativo à situação particular ou que deriva de mera convenção social. Um cavalheiro inglês do século XIX devia observar uma altivez e reserva que seriam muito pouco apropriadas, e até ridículas, em um fruteiro italiano do mesmo período; o caixa de um banco deve exibir um tipo de cautela que não seria adequado no operador de uma sonda de petróleo. E, no entanto, todo o sentido da doutrina do meio-termo é que na natureza mesma do caso ele estará relacionado à situação particular, o princípio sendo o de que como nos sentimos e reagimos a uma situação não deve ser uma mera reação acrítica e indisciplinada, mas sim a reação sensata e inteligente que a situação particular exige. Ainda que a convenção social e as tradições em que fomos criados possam influenciar nossos juízos quanto a quais reações são excessivas e quais são deficientes, o propósito da teoria do meio-termo é justamente que, seguindo-a, acabaremos aprendendo a deixar que nosso julgamento quanto a qual é realmente o meio-termo entre dois extremos seja determinado por nossa inteligência e entendimento, e não por mera convenção social.

7. Uma ilustração mais específica; a virtude do respeito próprio e um justo senso de dignidade e responsabilidade pessoal

A fim de destacar mais plenamente a importância dessa doutrina do meio-termo, considerada um mecanismo para determinar, em diferentes ocasiões, quais deveriam ser nossos sentimentos e emoções adequados, poderíamos considerar aquele tipo de atitude ou sentimento para conosco próprios que hoje chamaríamos de respeito próprio ou de senso de dignidade pessoal. De fato, se não nos enganamos, essa era um pouco o mesmo tipo de atitude que Aristóteles buscou designar e descrever — talvez com não muita felicidade — sob o título de magnanimidade (*megalopsychia*) ou grandeza da alma.[9] Poder-se-ia dizer que um adequado respeito e estima por si mesmo são não só uma virtude entre outras, mas quase a chave para o problema ético inteiro. Pois se o autoconhecimento socrático for a essência da vida boa, então o homem que consegue viver bem será o homem que tem uma justa estima de si mesmo, sendo nem excessivamente complacente quanto a suas capacidades e realizações e nem, no outro extremo, excessivamente deficiente em um senso de sua própria dignidade e responsabilidades. Ou, para parafrasear uma das formulações mais sem-cerimônia do princípio, por Aristóteles: um respeito próprio adequado não é outra coisa senão um meio-termo entre os dois extremos do pensar demais de si mesmo e pensar muito pouco de si mesmo.

Que a maioria de nós é inclinada a errar para o lado de pensar demais de nós mesmos é algo que quase não se precisa dizer. Pois complacência e presunção, para não dizer pura vaidade, são traços dos quais nós, seres humanos, parecemos ter singularmente pouco sucesso em conseguir nos livrar. Para tomar apenas um exemplo, dessa vez de Jane Austen:

> Sir Walter Elliott, de Kellynch Hall, no Somersetshire, era um homem que, para sua própria diversão, nunca pegava outro livro

---

[9] Para um tratamento mais esclarecedor, cf. Wild, *Introduction to Realistic Philosophy*, pp. 136-44.

> que não o *Baronetage*;* nele, encontrava ocupação em uma hora de ócio e consolo em uma hora de aflição...
> A vaidade era o começo e o fim do caráter de Sir Walter Elliott: vaidade de pessoa e de situação. Ele fora notavelmente belo quando jovem, e, aos cinqüenta e quatro anos, ainda era um belo homem. Poucas mulheres pensariam mais de sua aparência pessoal do que ele da sua própria, nem o valete de nenhum lorde recém-elevado poderia estar mais encantado com o lugar que ocupava na sociedade. Ele considerava as dádivas da beleza como inferiores apenas à dádiva de um baronato; e o Sir Walter Elliott que reunia essas dádivas era o constante objeto de seu mais cálido respeito e devoção.[10]

Substitua-se o baronato por uma cátedra em Harvard, ou um recorde como astro do atletismo ou a presidência do Lyons Club local ou uma ampla reputação como conquistador irresistível ou talvez até o primeiro lugar em um concurso de beleza, e vai-se descobrir a vaidade de Sir Walter sendo equiparada por milhares de empresários, professores, atletas e rainhas da beleza norte-americanos. Embora poucos norte-americanos provavelmente encontrem "ocupação em uma hora de ócio e consolo em uma hora de aflição" no *Baronetage*, podem encontrar amplos substitutos em coisas como troféus de golfe, o *Who's Who in America*, menções honrosas da Câmara Municipal de Comércio ou talvez até em caixas de transparências coloridas com fotos que relatam em deprimente nível de detalhe suas honras, seus triunfos e suas viagens.

Vaidade ou presunção, concordamos, é uma extrema variação sobre o sentimento de auto-satisfação, donde uma tolice e ridícu-

---
* Espécie de *Quem é Quem* da nobreza inglesa, é uma relação ou um registro dos baronetes ingleses (N. do T.).
[10] Jane Austen, *Persuasion*, N. York: Oxford University Press, 1930, cap. I, p. I.

la; mas fica igualmente claro que, no outro extremo, existe isso de pensar muito pouco de si mesmo, o que, a seu próprio modo, é exatamente tão tolo? À primeira vista, isso não parece plausível; presumimos naturalmente que, se a vaidade é um defeito, então o seu oposto, modéstia ou humildade, deve ser uma virtude.

Devemos prosseguir cautelosamente aqui, pois, embora a modéstia certamente não seja um defeito — contanto que não seja mera falsa modéstia, mas uma atitude autêntica, baseada em autoconhecimento e auto-avaliação exatos —, ainda se pode questionar se a modéstia é, afinal de contas, o oposto adequado de vaidade e complacência. Lembrem-se, o sentimento ou atitude básicos em que estamos interessados aqui é o de respeito próprio, um sentimento de valor próprio e dignidade. Correspondentemente, se um extremo consiste em superestimar o próprio valor, o outro extremo não é modéstia ou humildade, mas, antes, o que se poderia chamar de uma falta de respeito próprio ou um senso insuficiente de dignidade pessoal. É difícil expressar em uma palavra a qualidade que estou tentando descrever — talvez "autodepreciação" chegue perto o suficiente de sugerir o significado. Que isso pode ser uma coisa séria e até assustadora é posto em relevo na seguinte citação de Erich Fromm:

> O mercado moderno não é mais um ponto de encontro, mas um mecanismo caracterizado por demanda abstrata e impessoal. Produz-se para esse mercado, não para um círculo conhecido de fregueses; seu veredicto se baseia em leis de oferta e procura; e ele determina se a mercadoria pode ser vendida, e a que preço. Não importa qual possa ser o valor de uso de um par de sapatos, por exemplo, se a oferta for maior que a procura, alguns sapatos serão condenados à morte econômica...

Henry B. Veatch

... a função reguladora do mercado foi, e ainda é, predominante o suficiente para ter uma profunda influência sobre a formação do caráter da classe média urbana e, por meio da influência social e cultural desta, sobre toda a população. O conceito de valor do mercado, a ênfase no valor de troca mais do que no valor de uso, levou a um semelhante conceito de valor com respeito a pessoas e particularmente a si mesmo.

Em nossa época, a orientação para o mercado cresceu rapidamente, ao lado do desenvolvimento de um novo mercado que é um fenômeno das últimas décadas – o "mercado da personalidade". Funcionários e vendedores, executivos de empresas e médicos, advogados e artistas... todos são dependentes, para seu sucesso material, de uma aceitação pessoal por parte daqueles que precisam de seus serviços ou os empregam.

O princípio de avaliação é o mesmo, tanto no mercado de personalidade quanto no de mercadoria: em um, personalidades são ofertadas à venda; no outro, mercadorias... somente em casos excepcionais. O sucesso é predominantemente resultado de habilidade e de certas outras qualidades humanas como honestidade, decência e integridade... O sucesso depende completamente de quanto a pessoa se vende bem no mercado, do quanto ela expõe bem a sua personalidade, de quanto o seu "pacote" é bonito...

O fato de que para ter sucesso não basta ter a habilidade e o equipamento para executar uma dada tarefa, mas que se deva ser capaz de "colocar" a sua personalidade em concorrência com outras, molda a atitude para consigo mesmo... uma vez que o sucesso depende amplamente de como a pessoa vende a sua personalidade, ela vivencia a si própria como uma mercadoria ou, antes, simultaneamente, como o vendedor e a mercadoria a ser vendida... a auto-estima [da pessoa] depende de condições além do seu controle. Se ela "faz sucesso", tem valor; se não faz, não vale nada. O grau de insegurança que resulta dessa orientação não pode ser superestimado... Donde se é levado a lutar incansavelmente por sucesso, e qualquer revés é uma grave ameaça à auto-estima da pessoa; desesperança, insegurança e sentimentos de inferioridade são o resultado.

> Se as vicissitudes do mercado são os juízes do seu valor, seu senso de dignidade e orgulho são destruídos...[11]

A partir de tal descrição, podemos discernir mais claramente o tipo de coisa envolvida nesse sentimento ou atitude do que chamamos de autodepreciação ou falta de respeito próprio. É o tipo de sentimento que deixa um homem disposto a vender sua alma ao diabo, e às vezes muito barato também – quer o diabo seja um Hitler, que promete coisas como glória e honra nacionais, para não falar de alimento e emprego, ao preço de abrir mão de sua inteligência crítica e de sua responsabilidade de pensar por si próprio; quer seja o "mercado de personalidade" norte-americano, como Fromm o chama, no qual se promete à pessoa coisas como glamour e sucesso, se ao menos ela se conformar, deixando de lado qualquer coisa parecida com a vida examinada e dedicando todos os seus esforços a fazer de si mesma um artigo meramente vendável ou comercializável.

Nem essa é a única manifestação do tipo de sentimento que chamamos de falta de respeito próprio. Há também outros exemplos, talvez alguns possam ser encontrados ainda mais perto de nós. Suponha que você se pergunte: Você realmente acredita em coisas como dignidade pessoal e integridade pessoal? Não será toda essa conversa sobre aperfeiçoar-se como ser humano ou reconhecer suas capacidades e responsabilidades ou como somente a vida examinada é digna de ser vivida – tudo isso não parece asneiras e absurdos? Você consegue imaginar um personagem, digamos, como Jake, em *O Sol Também se Levanta*, falando dessa manei-

---

[11] Erich Fromm, *Man for Himself*, Londres: Routledge and Kegan Paul, 1949, pp. 68-71.

ra? Ou, se esse for muito intelectual, que tal Steve Canyon na história em quadrinhos? Ou Peter Gunn na televisão? Eis aqui homens de olhos e nervos de aço, sofisticados, totalmente desencantados, pegando seus prazeres onde conseguem encontrá-los e vivendo dia após dia, nunca esquentando a cabeça com o ideal socrático ou, aliás, qualquer outro ideal, e no todo simplesmente imaginando que esse negócio de viver importa em pouco mais do que aproveitar ao máximo o vazio e a falta de finalidade da vida.

Em outras palavras, dessa vez o que decidimos chamar de senso deficiente de sua dignidade e responsabilidade como ser humano leva não a vender a alma ao diabo, e nem sequer a vender o seu direito inato humano por qualquer dos pratos de lentilha atualmente populares, mas sim a simplesmente não vender ou comprar coisa alguma. Tu próprio não significas nada, e mesmo que tentasses vender-te, o que poderias comprar com o produto da venda que fosse algo mais que um embuste e uma ilusão? Oh, continuas vivendo, é claro, mas principalmente distraindo-te — com touradas, com casos de amor, com esportes, talvez até com teu trabalho, se fores bom nele, e ele for suficientemente variado e divertido. Mas, basicamente, viver é muito uma questão de esquecer e ser distraído, quase como se estivesses te movimentando em um sonho, executando atividades vazias, sem propósito e muitas vezes até frustrantes — mas que importância isso tem, uma vez que todo o teu ir e vir, todos os teus afazeres e desfazeres são tão completamente sem significado ao ponto de serem quase sem realidade?

Basta que nos lembremos de atitudes e sentimentos desse tipo, sentimentos que refletem não tanto desespero quanto não estar ligando a mínima, e prontamente reconheceremos que, em comparação com sentir-se excessivamente complacente e satisfeito, existe um extremo oposto no qual sua vida vai definhando e se distorcendo de tédio com sua própria existência e talvez de uma espécie de escárnio e indiferença superior pelas possibilidades e responsabilidades da vida, e de uma convicção cínica do vazio e falta de sentido da existência humana.

Não é sem ironia que, nos dias atuais, em nosso próprio país, essas atitudes de indiferença ou até de repulsa pelos propósitos e responsabilidades da vida tenderam a se tornar uma fonte de não pouco orgulho e auto-satisfação para muitos de nossos contemporâneos. Uma atitude que originalmente se esperava que fosse de um cru realismo e que ultimamente passou a adornar-se como um ideal eminentemente de bom-tom e daí atraente. Quantos de nós, consciente ou inconscientemente, não gostaríamos de imaginarmo-nos como exemplificando em nossas vidas o tipo do repórter de jornal sofisticado ou o "detetive particular" bacana, ou o "realista" sensato, racional, de olhos claros? Certamente, entre os chamados intelectuais e entre as pessoas da vida acadêmica, muitas vezes basta raspar a superfície da respeitabilidade profissional para descobrir que o tal erudito secretamente se delicia em imaginar-se uma espécie de montagem de Ernest Hemingway, Jean-Paul Sartre e talvez Pablo Picasso.

É provável que o resultado seja não um Hemingway ou um Sartre ou um Picasso, mas apenas um Sir Walter Elliott. Mas, por divertidos e até ridículos que seus resultados possam ser, não há como negar que o que se está efetuando aqui é uma curiosa transposição de valores, tendo um extremo sido literalmente transposto para o seu contrário. O que em sua incepção era uma perspectiva de pouco mais do que desesperança e cinismo diante de sua existência humana tende a assumir o caráter de um ideal digno de emulação. Isso entrou para as fileiras de todas aquelas outras poses e posturas humanas que são fontes de satisfação e autocongratulação para aqueles que as assumem, pois elas parecem proporcionar-nos uma espécie de garantia de que afinal não somos, graças a Deus, como os demais homens.

Essa capacidade que os homens parecem ter de passar, quase como fênix, de pensar muito pouco de si mesmos a pensar grandiosamente sobre si mesmos é igualmente exemplificada, e talvez até com maior freqüência, entre aquele outro grupo dos que caracterizamos como sendo deficientes em respeito próprio e em um senso de seu próprio valor, os que estão absolutamente prontos a se venderem — ou barato ou por um alto preço, ou no mercado de personalidade ou a um ditador ou aos fornecedores comuns de conformismo que prosperam em toda comunidade. Pois é a própria pessoa que pensa tão pouco de si própria, ao ponto de estar pronta para renunciar a coisas como liberdade e independência de julgamento, para aceitar acriticamente os padrões da comunidade, a só fazer o que é socialmente aceitável — é ela que, tendo sido um sucesso em seu conformismo, tem as maiores possibilidades de tornar-se o empertigado, o idiota pomposo, o fariseu inabalável. Ironicamente, é a própria auto-importância de um indivíduo assim que indica sua inclinação subjacente para a *micropsychia*, pensando muito pouco de si mesmo: ele ficou satisfeito consigo próprio, quando ainda não há grande coisa com que estar satisfeito e quando devia estar exigindo muito mais de si próprio.

Mas já chega de exemplos e ilustrações. Estes podem bastar para mostrar como, em muitos casos, a voz da inteligência na conduta humana pede que se atinja um meio-termo entre certos extremos de excessos ou deficiência a que nós, seres humanos, podemos ser facilmente levados, se seguirmos acriticamente os conselhos de nossos variados sentimentos, inclinações e paixões. Ainda mais fundamentalmente, não podem esses exemplos servir para mostrar a pertinência do conhecimento e do entendimento para a condução da vida, com o resultado de que viver, ou ser um sucesso, ou tirar o máximo de sua vida devem ser encarados como sendo bastante uma questão de adquirir e exercer a habilidade e o *know-how* indispensáveis naquilo que decidimos chamar de arte de viver?

Henry B. Veatch

CAPÍTULO IV

Por que a moral e a ética não são simplesmente uma arte de viver?

I. A ÉTICA É REALMENTE UMA ARTE?

O capítulo anterior terminou com uma pergunta que, era, efetivamente, se a ética ou a moral poderiam ser encaradas como simplesmente uma arte de viver. Os que se lembrarem dos *Diálogos* de Platão reconhecerão que esse foi o modo como Platão consistentemente decidiu encarar a ética. E, no entanto, Aristóteles, apesar de sua insistência de que em ética se está interessado em aprender a viver inteligentemente, parece dar uma abrupta reviravolta, declarando que moral ou ética, embora aparentemente não mais do que uma arte, são na verdade diferentes de todas as outras artes: "Nas artes, mais uma vez, um erro deliberado não é tão ruim quanto um não-intencional, enquanto em questões a que se ajusta a sabedoria prática [i. e., em questões morais ou éticas] é ao contrário."[1]

Mesmo sem a autoridade de Aristóteles e sem, por enquanto, quebrarmos a cabeça sobre o que exatamente Aristóteles quis di-

---

[1] Aristóteles, *Ética a Nicômaco*, Livro VI, cap. 5. A tradução usada aqui é a de J. A. K. Thomson, *The Ethics of Aristotle*, Londres: George Allen and Unwin, 1953, p. 156. As palavras entre colchetes são interpolações minhas.

zer com essas palavras, não é difícil, simplesmente por conta própria, pensar em inúmeras objeções à idéia de que levar uma vida boa é apenas uma questão de aprender a atingir um meio-termo entre os extremos de excesso e deficiência, como se a ética fosse simplesmente uma arte ou uma habilidade. Se fosse, essa arte de viver envolveria realmente aprender regras sobre coisas como quando se zangar e quando não, e em que grau; ou sobre com o que podemos adequadamente nos entusiasmar ou não; ou quando podemos legitimamente nos sentirmos orgulhosos de nós mesmos e quando não; ou se alguma vez se justifica nos sentirmos ressentidos ou despeitados, e, em caso positivo, quando e em que circunstâncias.

A isso vocês podem muito bem estar inclinados a dar uma réplica enfática: "Essa arte não existe. De fato, é uma insensatez supor que alguém possa algum dia adquirir *conhecimento* de coisas desse tipo. Em uma conversa comum, talvez possamos falar de saber quando ficar indignado e quando não. Mas por certo é apenas uma maneira de falar, pois no sentido literal ninguém pode jamais *aprender* como se sentir ou como reagir a uma situação, do modo como um cirurgião, por exemplo, aprende quando e como executar uma apendicectomia. De fato, se persistíssemos em usar a palavra 'conhecimento' em ambos os contextos, ficaria claro que o termo se tornara ambíguo. Pois é somente nesse último contexto que se pode dizer ter conhecimento no correto sentido de uma habilidade ou uma arte ou *know-how*. Se a arte de viver consiste em nada mais nada menos do que aprender como se sentir e reagir em relação a pessoas e coisas, então não existe arte de viver, e a afirmação de que a ética é uma ciência e constitui um legítimo corpo de conhecimento é absoluta tolice e absurdo. Alguém em plena posse de seu juízo afirmaria que, por dominar essa chamada arte de viver, um rapaz ou uma moça saberão, assim, exatamente quando e por quem ele ou ela deveria se apaixonar? Ou, para tomar um outro exemplo, podemos supor que, quando um homem leva um soco em cheio no queixo, seu autoconhecimento socrático o instruirá se ele deve ou não se sentir zangado, ou até, possivelmente, se ele deveria ou não sentir dor?"

2. A INCERTEZA DA ÉTICA COMO COMPARÁVEL À INCERTEZA EM QUALQUER ARTE: A ARTE LIDA COM O PARTICULAR E O INDIVIDUAL

Talvez, no entanto, o gume desse tipo de crítica possa ser um tanto embotado se reconhecermos que uma arte ou habilidade de viver não é da mesma natureza que a habilidade altamente técnica do moderno engenheiro ou perito em energia atômica. Uma comparação mais adequada poderia ser com a habilidade de um *chef* em saber quanto tempero botar em um ensopado de carneiro, nem demais e nem de menos, ou com a habilidade de um bom motorista de saber quando e o quanto frear seu carro em uma curva perigosa, ou a habilidade de um músico em sua escolha do tempo na execução de uma determinada sonata.

Nosso atual conhecimento das paixões e afetos humanos é impreciso e rudimentar demais para proporcionar alguma coisa parecida com o fundamento científico elaborado e detalhado que está na base de técnicas hodiernas como a eletrônica, a metalurgia, a agronomia e a medicina. Mais fundamentalmente, porém, ao criticar a noção de moral ou ética como uma arte, muitas vezes esquecemos o que é característico de todas as artes e técnicas, mesmo as mais complexas e as que se apóiam sobre os mais sofisticados fundamentos científicos, que é o fato de que nenhuma habilidade é adequadamente exercida simplesmente seguindo-se mecanicamente certas regras ou seguindo-se o manual. O motivo é que as situações concretas particulares que são os reais pontos de aplicação de qualquer arte ou habilidade são sempre tão complexas e intricadas que nenhum grupo de regras e princípios gerais é jamais suficiente para cobri-las completamente.

Nós, por exemplo, não consideramos que um cirurgião não é hábil meramente porque ele não possa traçar um conjunto de instruções tão completo e detalhado que só o que se precisaria fazer era segui-lo automaticamente e, com isso, o sucesso de um certo tipo de operação estaria garantido. Ao contrário, cada caso particular sendo diferente de todos os outros, ninguém jamais será um cirurgião hábil meramente seguindo regras ou aplicando automaticamente uma técnica. No entanto, uma habilidade autêntica deve envolver a adaptação de uma técnica às circunstâncias imediatas e particulares que se apresentam. Por esse motivo, para dominar uma arte — seja a da cirurgia ou da carpintaria, cultivar milho ou vender sapatos —, não se pode simplesmente decorar um conjunto de instruções; o indivíduo mesmo tem de praticar a arte. Idealmente, essa prática deveria envolver tornar-se aprendiz de um mestre no ofício, observando-o enquanto ele trabalha e tentando imitá-lo. Conseqüentemente, quando se quer saber o que fazer ou como proceder em uma situação ou conjunto de circunstâncias particulares, não existe, em última análise, outra regra a seguir senão apenas esta: faça o que faria um especialista.

HENRY B. VEATCH

A mesma coisa com a arte de viver. É por isso que Aristóteles tende a reiterar o que a muitos pareceria bastante óbvio: em uma situação moral ou ética, a coisa a fazer é simplesmente o que o homem bom ou o homem de senso e sabedoria prática faria. Ou, para expressar a mesma coisa em termos da doutrina do meio-termo: o meio-termo entre excesso e deficiência em questões envolvendo nossos desejos, sentimentos e emoções é sempre o que o homem bom determinaria que fosse.[2]

3. Mas a ética não é uma arte, pelo menos não como as outras artes

Por mais que considerações como essas possam tender a nos assegurar que viver bem ou sabiamente é, afinal de contas, apenas uma questão de arte e conhecimento, não há como evitar o fato de que moral ou ética, caso seja uma arte, não é uma arte como as outras artes. Na verdade, não é de modo algum somente, ou mesmo principalmente, uma questão de habilidade ou *know-how*. E assim somos levados de volta àquele pronunciamento um tanto enigmático de Aristóteles que já citamos. Parafraseando-o muito livremente, ele afirma que, enquanto em todas as outras artes um erro deliberado ou voluntário é muito menos sério do que um involuntário, na arte de viver é exatamente o contrário. O que isso quer dizer?

---

[2] *Cf. ibid.*, Livro II, cap. 6.

4. Ser um homem bom é diferente de ser bom em alguma coisa: fazer é mais do que saber

Por que a prática de viver há de ser julgada por padrões tão diferentes daqueles aplicáveis à construção de pontes, ao jogo de basquetebol, à prática da medicina ou a qualquer outra arte? Por que não é simplesmente o caso de uma pessoa saber ou não saber viver, exatamente como é o caso de se ou saber ou não saber jogar basquetebol, ou como realizar uma apendicectomia ou como construir uma ponte ou como defender um caso? Para viver bem, para ser um homem bom, ao que parece, não se precisaria fazer mais do que dominar a arte de viver, exatamente como para ser um bom médico precisa-se apenas dominar a arte da medicina. Por que não supor que existe um paralelo simples e óbvio entre a arte de viver e todas as outras artes? E ainda assim as considerações tão rudimentares e ao mesmo tempo tão elementares e tão inegáveis que acabamos de fazer nos levam a perceber que isso é impossível. Mas por quê?

A resposta mais óbvia a essa pergunta é que, nas outras artes, nada há envolvido, salvo conhecimento e conhecimento apenas — i. e., conhecimento no sentido de habilidade técnica ou *know-how*. Mas, no viver a vida, algo mais parece estar envolvido, além de mero conhecimento. Como uma primeira tentativa de especificar qual é esse "algo mais", podia-se dizer que, a fim de viver bem ou ser um homem bom, não basta meramente saber viver, saber o que se precisa fazer como ser humano; além disso, há que fazê-lo. Em algo como marcenaria, pode-se saber como exercer o seu ofício, mas, por um ou outro motivo, pode-se resolver ou não o fazer, ou fazê-lo mal feito. Isso não teria por si só nenhum reflexo sobre sua habilidade como marceneiro: você continuaria sendo competente; é só que você teria escolhido não demonstrar ou exercer sua competência. Mas em um contexto moral ou ético, um homem que soubesse o que devia fazer mas decidisse não o fazer certamente não seria um homem bom.

5. SER UM HOMEM BOM É DIFERENTE DE SER BOM EM ALGUMA COISA: ESCOLHER É MAIS DO QUE FAZER

Talvez, no entanto, o contraste não seja tão simples assim. É mais do que uma simples diferença entre saber e fazer. Em primeiro lugar, nas artes práticas, está claro que nunca pode haver uma separação total ou mesmo prolongada entre saber e fazer. O conhecimento envolvido nessas artes é o tipo que chamamos de habilidade ou *know-how*, e simplesmente não pode haver nenhum conhecimento desse tipo sem fazer. É só por meio de concretamente construir partes ou praticar a medicina ou jogar tênis que uma pessoa se torna construtor de pontes ou médico ou tenista, só para começar. E embora por um lado alguém possa parar por um tempo de usar sua habilidade sem com isso perder imediatamente sua técnica, a longo prazo ninguém pode continuar a ser engenheiro ou médico ou atleta competente sem praticar de fato a sua arte.

Em segundo lugar, na arte de viver, embora em um sentido seja correto dizer que meramente saber o que se devia fazer sem efetivamente fazê-lo não basta para fazer de alguém um homem bom, em outro sentido, se uma pessoa de fato consegue fazer o que pretende fazer ou acha que devia fazer é às vezes totalmente irrelevante para ser um homem bom ou levar uma vida boa. Para tomar o tipo de caso mais óbvio: posso saber que um amigo meu em San Francisco está precisando muito de mim e posso ter toda a intenção de ir em seu auxílio, só para descobrir que algum fator externo, tal como uma greve das linhas aéreas, falha nas conexões ferroviárias ou um acidente de automóvel, torna impossível para mim chegar a tempo. Em um caso assim, embora o meu saber o que devia fazer não seja correspondido pelo meu efetivamente fazê-lo, isso dificilmente constituiria uma reflexão sobre o meu caráter ou minha lealdade a meu amigo.

Mas se não é uma mera diferença entre saber e fazer que explica nossos diferentes padrões de julgamento em questões de habilidade, e em questões de moral, o que explica? A diferença reside no fato de que, enquanto em questões de habilidade é somente o *knowhow* que conta, em questões de moral seria algo mais da ordem de boas intenções? Mas (por motivos que consideraremos depois) esse modo de formular a diferença entre arte e moral é um tanto simplista e enganador. Em vez disso, a diferença deve ser entendida não tanto em termos da distinção entre saber e escolher – mais especificamente, entre saber o que precisa ser feito e efetivamente querer ou escolher fazê-lo.

Um homem é um bom carpinteiro, dissemos, se ele sabe como fazer certas coisas. Mas se ele gosta de fazê-las, se escolhe fazê-las bem, se ao menos escolhe fazê-las em absoluto – tudo isso nada tem a ver direta e imediatamente com ele ser hábil ou competente em sua arte. Por outro lado, para um homem ser honesto ou justo ou corajoso, não é suficiente que ele meramente saiba que tipo de comportamento honestidade, justiça e coragem exigem. Além disso, ele deve efetivamente escolher ele próprio agir desse modo. Não só isso, mas ele deve escolher fazer as coisas por elas mesmas. Pois um homem que foi honesto o bastante em seus negócios com outros não porque amava a honestidade mas só porque queria progredir e ser bem considerado na comunidade, ou porque tinha medo de que, se fosse desonesto, poderia ser pego – dificilmente poderíamos considerar tal homem autenticamente honesto.

6. A DISTINÇÃO ARISTOTÉLICA ENTRE VIRTUDES MORAIS E VIRTUDES INTELECTUAIS

Correspondentemente, tomando conhecimento das exigências peculiares envolvidas em ser um homem bom, em contraste com as necessárias para meramente ser um bom artífice, Aristóteles insistia em que para se conseguir as primeiras só se precisaria cultivar não apenas certos hábitos de conhecimento – o tipo de conhecimento chamado de habilidade ou *know-how* – mas também certos hábitos de escolha, estes últimos conhecidos, em linguagem aristotélica, como virtudes morais, em contraste com as mais familiares virtudes intelectuais ou hábitos de conhecimento.

A própria palavra "virtude" pode tender a nos ficar atravessada na garganta nestes tempos de desilusão em geral e de "jovens zangados" em particular. Mas em seu significado original a palavra não faz mais do que indicar o fato óbvio de que mal podemos fazer em absoluto a maioria de nossas atividades humanas, quanto menos fazê-las bem, sem primeiro aprender como. E esses padrões de comportamento aprendidos ou hábitos de ação adquiridos, como resultado dos quais chegamos a ser capazes de fazer bem o que de outra forma não poderíamos fazer de modo algum, ou na melhor das hipóteses só poderíamos fazer muito mal – esses são o que Aristóteles chamava de "virtudes".

7. O homem bom não é nenhum tolo: não há virtude moral sem virtude intelectual

Mas a expressão específica "virtude moral" provavelmente dará ocasião a ainda mais mal-entendidos. Pois se falamos de hábitos de escolha e de padrões de comportamento aprendidos, os quais chamamos de "virtude moral", ficamos suscetíveis a associar isso ao velho amigo e camarada Andy,* que tinha "um coração de ouro", que nunca soube o que era fazer mal a uma mosca, mas que era um beócio inacreditável e que às vezes mal parecia ter senso para sair da chuva!

Mas isso é interpretar totalmente errado a noção aristotélica de virtude moral. O problema parece residir no uso de expressões como "hábitos de escolha aprendidos" ou "padrões de comportamento". Pois essas expressões nos sugerem escolhas e ações que são habituais no sentido de serem mecânicas e impensadas. Mas Aristóteles tinha em mente algo inteiramente diverso. Em sua visão, o motivo para as chamadas virtudes morais serem necessárias para a vida boa não é que elas nos permitam abrir mão do pensamento e do conhecimento, e somente e precisamente a fim de que pensamentos e esse conhecimento venham a influenciar e agir sobre nossos gostos e desgostos

---

* "Good old Andy", tradicional cantiga de roda dos EUA (N. do T.).

e nossas escolhas de ação. Então não nos limitaremos a saber qual é a coisa inteligente a fazer, mas viremos a querê-la e a efetivamente fazê-la porque é o que a inteligência determina.

Desse ponto de vista, o homem honesto ou o homem corajoso ou a pessoa moderada não será alguém que foi meramente condicionado a seguir impensadamente certos padrões de comportamento aprovados. Será alguém que aprendeu a deixar suas escolhas e preferências serem determinadas pelo conhecimento e entendimento que ele possa ter, em vez de prosseguir simplesmente a partir de sentimentos e impulsos casuais do momento ou a partir de hábitos de reação há muito consolidados, porém mecânicos.

Por exemplo, para voltar ao nosso exemplo anterior, qualquer um admitirá ter sofrido repetidamente a aborrecedora e muitas vezes constrangedora experiência de perder a cabeça e dizer e fazer coisas que eram tolas e insensatas e das quais ele próprio logo se arrependeria. Congruentemente, a virtude de um gênio equilibrado pode ser entendida como simplesmente uma reação aprendida na qual, em vez de dar vazão a acessos de mau gênio, permitimos que prevaleçam nossa inteligência e nosso melhor julgamento. Nem é diferente com qualquer das outras virtudes morais. Coragem, por exemplo, importa em nada mais do que uma disposição a agir racional e inteligentemente em circunstâncias que nos parecem assustadoras ou alarmantes. A temperança é uma disposição a reagir de modo semelhante em situações nas quais nos vemos sujeitos às atrações físicas de comida, bebida, sexo etc. De modo semelhante, conforme vimos,[3] a virtude do respeito próprio ou *megalopsychia*, ou

---

[3] Ver anteriormente, cap. 2, seção 7, pp. 102-99.

como preferirem chamar, é uma virtude que nos dispõe a pensar nem muito nem muito pouco de nós próprios, mas a sermos sempre guiados por uma justa avaliação de nosso próprio valor e nossas capacidades.

As virtudes morais, então, devem ser encaradas simplesmente como hábitos e disposições aprendidos que são dirigidos unicamente a deixar a razão e a inteligência entrarem em jogo na determinação de nossas escolhas do que fazer e do que não fazer. A partir desse ponto de vista, nunca se poderia dizer adequadamente de alguém que era um homem de excelente caráter, mas ao mesmo tempo um tolo. Pois, na visão de Aristóteles, ser moralmente virtuoso é precisamente ser inteligente e sábio em sua conduta. Nem há nenhum outro meio para um homem ser inteligente e sábio em seu comportamento, senão por meio do cultivo e do exercício das virtudes morais. Em suma, ser corajoso, justo, honesto, moderado, de gênio equilibrado, modesto e ter respeito próprio é ser sábio e inteligente em suas escolhas; e ser sábio e inteligente em suas escolhas é ser corajoso, justo, honesto, moderado e assim por diante.

8. Mas não foi exatamente aí que chegamos dois capítulos atrás?

Tudo isso nos leva mais uma vez de volta a algumas das considerações levantadas no Capítulo 2 com respeito ao que significa ser humano. Pois na exposição de Aristóteles vimos que ser humano ou levar uma existência caracteristicamente humana, exercendo o *ergon* ou a função que é adequada ao homem — tudo isso se reduz a não mais do que viver inteligentemente. Uma existência autêntica e adequadamente humana não consiste simplesmente em ser inteligente, no sentido de ter um QI alto ou ter um monte de conhecimento; antes, consiste em viver inteligentemente, em usar sua inteligência na condução de sua vida, em deixar que cada escolha sua seja guiada por esse conhecimento e entendimento que se consiga fazer sobre a situação. Mas não seria isso apenas um outro meio de dizer que ser humano consiste em nada mais nada menos do que no exercício tanto da virtude moral quanto da intelectual — da virtude intelectual, porque só assim se pode dizer de um homem que ele tem conhecimento e entendimento; mas também da virtude moral, porque só assim seu conhecimento é levado a influir sobre sua própria vida, permeando e determinando sua conduta e até mesmo suas escolhas e preferências?

9. DÚVIDAS E MAIS DÚVIDAS: PODE-SE ALGUM DIA ESPERAR QUE A MORAL SE BASEIE, EM ÚLTIMA ANÁLISE, NO CONHECIMENTO?

A um quadro assim, no entanto, comparem o seguinte:

> Badeau levou Adams à Casa Branca certa noite e o apresentou ao presidente e à sra. Grant. No todo, ele conheceu uma dúzia de presidentes na Casa Branca, e os mais famosos não foram de modo algum os mais agradáveis, mas ele achou Grant o tema de estudo mais curioso entre todos eles. A respeito de ninguém as opiniões divergiram tão amplamente. Adams não teve nenhuma opinião, nem ocasião de formar uma. Uma única palavra com Grant o convenceu de que, para seu próprio bem, quanto menos palavras ele arriscasse, melhor. A essa altura da vida, ele só havia conhecido um homem do mesmo tipo intelectual, ou não-intelectual — Garibaldi. Dos dois, Garibaldi pareceu-lhe um pouquinho de nada mais intelectual, mas, em ambos, o intelecto para nada contava; só a energia contava. O tipo era pré-inte-

lectual, arcaico, e assim teria parecido até aos homens das cavernas. Adão, segundo a lenda, fora um homem assim.

Com o tempo, um veio a reconhecer o tipo no outro, com diferenças e variações, como é normal; quanto maior a energia de um homem, menos ele a gasta com pensamento; homens que subiram do rés-do-chão ao poder, propensos a serem desconfiados de si próprios e dos outros, tímidos, ciumentos, às vezes vingativos; mais ou menos obtusos na aparência exterior; sempre precisando de estímulos, mas para quem a ação era o maior estimulante – o instinto da luta. Homens assim eram forças da natureza, energias primordiais, como o *Pteraspis*, mas davam pouca atenção aos acadêmicos. Haviam tido milhares deles sob suas ordens e não viam mais neles do que em outros. O fato era certo; isso esmagava argumento e intelecto a uma só vez.[4]

Ora, levando na devida conta a predileção um tanto torturada e acanhada de Henry Adams por contrastar o homem de ação, o homem que faz com um intelectual do tipo Hamlet, a passagem citada deixa assustadoramente claro como a vida de um homem pode ser dominada e motivada por pura energia e impulso não-esclarecidos – uma vida, de fato, em que o conhecimento, a inteligência e o esclarecimento que o homem possa ter são todos subordinados e postos a serviço de um impulso mais básico, mas profundamente cego e acrítico de agir e fazer.

Ora, isso de muitos modos representa a própria antítese do ideal socrático da vida examinada. E também é, ainda, um sério desafio. Pois poder-se-ia perguntar, à luz desse exemplo, se uma vida examinada ou inteligente em qualquer sentido assim radical, como Sócrates gostaria, é realmente possível. É próprio ou da natureza ou da função da inteligência humana proporcionar uma orienta-

---

[4] Henry Adams, *The Education of Henry Adams*, Boston: Houghton Mifflin Co., 1918, pp. 264-65.

ção e direção à vida que é definitiva e não meramente relativa e utilitária? A inteligência pode nos dizer como conseguir o que queremos; mas poderá ela nos dizer o que realmente queremos ou devíamos querer, só para começar? A postura de um Grant ou de um Garibaldi (suponho que o retrato deles por Adams tenha sido fidedigno) não está muito mais de acordo com as realidades da situação humana? Se assim for, os ímpetos, impulsos e inclinações dos homens devem ser encarados como finais, definitivos, e a razão e a inteligência como meramente utilitários em nos capacitar para atingirmos seja lá o que nos parecer de valor, não na base de quaisquer determinações de razão ou inteligência, mas meramente na base daquelas afeições e disposições que possam caracterizar nossas naturezas particulares.

Vamos tentar levar essa questão ao seu ápice. As virtudes morais, dissemos, não são nada além de hábitos de escolha, que nos disporão a escolher as linhas de ação que a inteligência e o entendimento recomendam. Mas inteligência e razão em algum momento realmente recomendam alguma coisa? Serão elas ao menos capazes de fazer algo mais do que descrever o que já somos inclinados a fazer por outras razões?

Por exemplo, tome-se a virtude da coragem. Na análise que fizemos, ser corajoso é simplesmente ser inteligente, i. e., em circunstâncias que parecem perigosas ou assustadoras o homem valente é o que escolhe e age de acordo com os ditames da inteligência. Mas pense nisso por um momento. Quando se reflete a respeito, não se torna cada vez mais dúbio? Pois em que sentido se pode dizer que a inteligência recomenda uma escolha valente e corajosa como sendo mais inteligente e menos obtusa do que uma escolha covarde?

Por certo não no sentido em que uma resposta correta em aritmética, digamos, é mais inteligente que uma incorreta; ou mesmo no sentido em que se poderia dizer que uma consideração das provas torna a hipótese de um universo heliocêntrico mais inteligente do que a de um universo geocêntrico.

Aqui, até mesmo a analogia com as artes parece desabar. Pois embora com certeza faça sentido, no contexto de uma arte como a cirurgia, dizer que um modo de executar uma operação é mais inteligente do que outro, esse julgamento baseia-se na pressuposição de que a operação, só para início de conversa, é desejável. Além do mais, em todas as artes, parece que qualquer julgamento quanto a qual é o modo mais ou menos inteligente de fazer algo se baseia em uma suposição prévia de algum fim ou objetivo desejado. Não se deve então concluir que a inteligência pode recomendar o que é melhor ou pior na pressuposição de uma inclinação ou desejo prévios e aos quais a inteligência serve apenas como um instrumento para calcular os meios? Mas, se assim for, então o projeto socrático de uma vida examinada parecerá ser, em última análise, inteiramente fútil: o fim que buscamos é determinado por motivos irracionais ou pelo menos pré-racionais, e a inteligência pode apenas recomendar os melhores meios para esses fins.

10. Em defesa da racionalidade: o fim ou objetivo do homem é racionalmente defensável

Mas esse tipo de crítica obviamente baseia-se em um mal-entendido. É verdade, a razão e a inteligência humanas não determinam os valores humanos no sentido de criá-los; antes, sua função é simplesmente descobrir esses valores. Além do mais, quando a razão parte para descobrir o que é a vida boa para o homem, ou qual é o bem caracteristicamente humano, o resultado da investigação, sugeriríamos, seguirá linhas como as que indicamos no segundo capítulo. Descobrir-se-á que o bem humano é aquele fim natural para o qual um ser humano é orientado em virtude de ser humano, tal como uma bolota de carvalho é orientada para seu fim natural em virtude de sua natureza como bolota. Nesse sentido, o fim do homem, o objeto ou propósito da vida humana, é algo dado; é um fato da natureza. Pode-se dizer que razão ou inteligência determinam qual é esse fim natural somente no sentido de descobri-lo ou reconhecê-lo, não no sentido de criá-lo ou postulá-lo.

Suponhamos que levemos essa consideração ao ponto de um aparente paradoxo. Poderíamos dizer que esse fim natural ou disposição natural de um ser humano é algo pré-racional e pré-inteligente; é apenas um fato que a razão não pode fazer mais do que reconhecer. E no entanto – e eis aqui o ponto decisivo –, tendo chegado a reconhecer esse fim pré-racional e pré-inteligente, nossa inteligência humana então vê que ele é o fim natural do homem e, daí, o fim adequado para um ser humano buscar. É nesses termos que a atitude e o desempenho de um Sócrates devem ser distinguidos e defendidos contra os de um Grant ou um Garibaldi.

11. Em defesa da racionalidade: o fim ou objetivo racionalmente defensável do homem é ser racional

Conforme vimos em nossa investigação anterior, quando nos voltamos para a questão de em que consiste esse fim natural e portanto racionalmente justificável para o homem, descobrimos que ele consiste precisamente em não se conformar com qualquer fim, senão um que seja racionalmente justificável – isto é, ele consiste em viver inteligentemente e levar uma vida examinada. O fim natural do homem, nessa visão, é o de ser o tipo de pessoa que não se contenta meramente em seguir fazendo ou buscando aquilo que é naturalmente impelido a fazer ou a buscar, ou que sempre teve o hábito de fazer ou de buscar, mas sem saber por quê. O homem bom é, antes, o que sabe e entende por que faz o que faz e que, em vez de agir cegamente, tem um motivo para fazer o que faz.

Infelizmente, no entanto, ao tentar assim caracterizar o fim e objetivo adequado do homem como sendo ao mesmo tempo tanto natural quanto inteligentemente determinado, é difícil evitar o tipo de mal-entendido que brota de uma certa ambigüidade nas palavras "natural" e "natureza" quando usadas nesse contexto. Por um lado, dizemos que a coisa certa e digna a fazer é a que se tende a fazer ou se é impelido a fazer simplesmente por natureza. Por outro lado, somos igualmente insistentes em que, na medida em que é natureza humana o que está envolvido, fazer o que se tende naturalmente a fazer mas sem reconhecer que é então natural, e sem entender que é portanto a coisa certa e razoável a fazer – isso não é se comportar inteligentemente e portanto, para um ser humano, não é nem mesmo se comportar de um modo que é natural. Em suma, para um ser humano, o fim só pode ser inteligente na medida em que for racionalmente reconhecido e inteligentemente avaliado como sendo, desse modo, o fim natural para o homem.

Ainda, quando um homem torna-se assim inteligentemente cônscio de qual é o objetivo natural para ele como um ser humano, ele vê que, no que respeita ao seu conteúdo, aquilo em que esse fim humano natural consiste é apenas viver inteligentemente. Existe, assim, um sentido duplo no qual, na visão de Aristóteles, o objetivo ou fim natural do homem é um fim racional e inteligente. É inteligente no sentido de que é racionalmente defensável e justificável: podemos ver por que é o fim autêntico e adequado para nós simplesmente porque é para nós o fim natural. E também é inteligente no sentido de que aquilo em que esse fim consiste e exorta um homem a ser e a fazer é simplesmente ser inteligente e viver inteligentemente. Ou seja, o fim racionalmente defensável e justificável para um ser humano é simplesmente ser tão racional e inteligente quanto possível em tudo que ele escolhe e faz.

12. COMO SE PODE DIZER QUE AQUILO QUE É MORALMENTE ERRADO É UM ENGANO OU UM ERRO

Supondo, então, que nosso fim ou objetivo consiste simplesmente em ser inteligente, vamos tentar chegar a um melhor entendimento desse aparente paradoxo, segundo o qual ser virtuoso importa em não mais do que ser inteligente e ser inteligente importa simplesmente em ser virtuoso.

O que deve incomodar qualquer um a respeito dessa fórmula é a questão de se e como a linha de ação virtuosa pode ser encarada como simplesmente a ação que a inteligência determina. Por mais no entanto que possamos admirar e respeitar qualidades como valentia, lealdade, integridade pessoal e confiabilidade, por que se deveria supor que exibir essas qualidades é a mesma coisa que ser inteligente?

Lembremo-nos de nossos exemplos anteriores de homens cuja conduta e comportamento geral eram tais a ponto de serem julgados tolos e insensatos. Achamos natural e adequado dizer que Sir Walter Elliott era um asno, que Charles I era curiosamente iludido e ergueu sua vida inteira sobre um erro ou que o sr. Nightingale, de C. P. Snow, era insensato em sua conduta de vida, na verdade, que toda a sua perspectiva era deturpada e equivocada. Em casos como esses, aplicamos aos personagens e ao comportamento de seres humanos epítetos como "equivocado", "errado", "erradíssimo" etc., que tomamos emprestados da esfera puramente intelectual. E no entanto os erros que estão envolvidos nas vidas desses homens não parecem no todo comparáveis a erros em aritmética, digamos, ou nas ciências ou artes técnicas.

Muito bem, então, vamos examinar mais atentamente o que significa exatamente estar errado ou equivocado no comportamento e no caráter. Ao dizermos que Sir Walter ou o rei Charles ou Nightingale cometeram equívocos ou entraram na via errada, não queremos dizer que eram deploravelmente ignorantes da verdade sobre si próprios, que não sabiam o que era melhor para eles? "Se ao menos eles pudessem se ver como os outros os vêem", fica-se tentado a dizer.

13. O QUE É SABER OU NÃO SABER A VERDADE SOBRE SI MESMO?

O que é essa verdade sobre si próprios da qual dizemos que eles eram ignorantes e o que é melhor para eles e que eles parecem não saber? Para responder a essa última pergunta de uma maneira completamente socrática, o que é melhor para um ser humano é que ele viva inteligentemente, que leve uma vida examinada. Mas isso significa que, em vez de agir cegamente por impulso ou acriticamente por mera força do hábito, um homem deveria agir por conhecimento e entendimento.

Presumivelmente, portanto, do ponto de vista de Sócrates, o fato de que nossos três personagens não sabiam o que era melhor para eles só podia significar que eles não se davam conta da importância de ter razões inteligentes para organizar suas vidas — que, em vez disso, seu comportamento geral era fundamentalmente cego e irrefletido, agindo em grande medida por seus sentimentos de vaidade, orgulho, timidez e despeito.

Por que o comportamento que é ditado por mero impulso, paixão ou força do hábito há de ser considerado cego ou ignorante? A resposta socrática deve ser que é um comportamento que o indivíduo não se deu ao trabalho de sobre ele refletir, ou de justificá-lo, ou de para ele apresentar razões. Isso não é o mesmo que dizer que nunca há boas razões para se fazer o que se é simplesmente impelido a fazer ou meramente se tinha o hábito de fazer. A questão é que, na medida em que não se sabem quais são essas razões, e se vai em frente e se age sem saber o que elas são, então nessa medida não se está agindo como um homem inteligente e racional.

É claro que, no mais das vezes, quando agimos meramente por impulso ou por hábito, o que fazemos não é apenas algo para o que não damos nenhuma razão, mas também algo para o que não *poderíamos* dar nenhuma razão ou só poderíamos dar uma racionalização. Mas o que seria uma boa razão? Como alguém justificaria suas escolhas, a ponto de elevá-las a um padrão de um ser humano pensante autenticamente inteligente no sentido socrático? A resposta que estamos para dar pode parecer mais evadir à pergunta do que respondê-la. E, no entanto, em análise final, qualquer justificativa de suas próprias ações, pelo menos se ela segue uma linha socrática, deve reduzir-se a isto: essa escolha ou situação se justifica se for consoante com ou se contribui para uma vida examinada, i. e., se se faz por nenhum outro motivo salvo o de querer tornar-se um ser humano autêntico, o de querer agir racional e inteligentemente e à luz de tanto conhecimento e entendimento quanto se for capaz.

"Mas", dirão vocês, "sobre uma base dessas quase qualquer um pode justificar quase qualquer coisa que faça. Poucos homens se consideram não-inteligentes e não-pensantes. De fato, Sir Walter Elliott sem dúvida achava-se um homem eminentemente razoável e inteligente. Ele teria sido o primeiro a afirmar que razão e entendimento, não paixão e preconceito, eram seus únicos guias para a ação."

A resposta para isso é que Sir Walter podia se achar inteligente, mas na verdade não era. Ele podia achar que seu único motivo na vida era ser um homem de razão e entendimento, mas é de todo evidente que seu real motivo era simplesmente vaidade. De fato, foi assim que Jane Austen pôde fazer Sir Walter parecer tão tolo: ele estava profundamente enganado sobre si próprio; no sentido da injunção socrática, ele não era um homem que algum dia tenha se dado ao trabalho de se conhecer de fato.

14. Erro moral e erro intelectual – iguais e ainda assim diferentes

Mas não temos aqui o direito de responder à pergunta que vem martelando em nossa cabeça há tanto tempo? Sir Walter não sabia a verdade sobre si mesmo, e por causa dessa ignorância seu caráter, longe de ser admirável, era absurdo e ridículo. Ainda assim, seu erro por certo não era meramente intelectual. Poder-se-ia dizer que sua vida inteira foi um longo engano, mas não era o mesmo tipo de engano que um erro em uma conta de dividir ou na previsão de uma queda na bolsa de valores.

Que tipo de erro era, então? Isso diz respeito não só ao erro de Sir Walter, mas ao do rei Charles, ao de Nightingale, ou ao de Grant, ou ao seu, ou ao meu. Não podemos dizer que um erro desse tipo consiste não tanto em não ser intelectualmente capaz de ver ou saber a verdade sobre si mesmo quanto em não estar disposto a ver essa verdade? Para expressá-lo de forma um pouco diferente, um homem incorre em erros desse tipo não por fraqueza intelectual, mas por ter deixado que seus sentimentos e paixões, e não seu conhecimento e entendimento, determinassem suas escolhas. Em outras palavras, esse tipo de erro envolve o que Aristóteles chamava de virtude moral, tanto quanto virtude intelectual.

A mesma idéia é corroborada quando consideramos como a ignorância e o erro que conduzem à insensatez no caráter humano devem ser eliminados. Mais uma vez, essa não é uma mera questão de uma passagem intelectual da ignorância ao conhecimento. Nem o propósito dessa eliminação é simplesmente a aquisição de informação e conhecimento. O tolo que é levado a ver a verdade sobre si próprio não é como o jovem estudante de física que é levado a ver a verdade da teoria dos *quanta*. O motivo para essa diferença é que, como Aristóteles destaca, em uma ciência como a ética, o fim é não conhecimento, mas ação.[5]

---

[5] Ver *Ética a Nicômaco*, Livro X, cap. 9, 1179b 1-3.

Então, quando perguntamos: moral e ética se apóiam sobre conhecimento, a vida boa é uma questão de saber e saber como? A resposta, claramente é "Sim". Mas o "saber" que é necessário aqui é um saber que é inseparável de escolher, tal como a escolha deve se basear em saber. Dos dois, a escolha é de longe mais difícil de se levar a cabo. Para explicar nas próprias palavras de Aristóteles:

> Nem a sugerida analogia com as artes suportará um escrutínio. Uma obra de arte é boa ou má em si mesma – que ela possua uma certa qualidade é tudo que pedimos dela. Mas ações virtuosas não são feitas de um modo virtuoso – justo ou moderado – meramente porque elas têm a qualidade adequada. O agente deve estar em um determinado estado de espírito quando as faz. Há três condições envolvidas. (1) O agente deve agir em plena consciência do que está fazendo. (2) Ele deve "querer" sua ação, e querê-la por ela mesma. (3) O ato deve proceder de uma disposição fixa e imutável. Ora, essas exigências, se excetuarmos o mero conhecimento, não se contam entre as qualificações necessárias de um artista. Para a aquisição de virtude, por outro lado, conhecimento é de pouco ou nenhum valor, mas as outras exigências são de imensa, soberana, importância, uma vez que é a repetida realização de ações justas e moderadas que produz virtude. Ações, por certo, são chamadas de justas e moderadas quando são as que um homem justo ou moderado faria. Mas aquele que faz é justo ou moderado não porque faz essas coisas, mas quando as faz ao modo de pessoas justas e moderadas.[6]

---

[6] *Ética a Nicômaco* (tradução de Thomson), Livro II, cap. 4, 1105a 25-b 29.

CAPÍTULO V

Fracasso e infelicidade: são eles de nossa própria responsabilidade?

I. FRACASSO HUMANO, SUA NATUREZA E CAUSAS

Em capítulos anteriores falou-se muito de insensatez humana. Para os mais cínicos, isso parece ser apenas tratar do óbvio. Mas para os mais filosóficos levanta algumas perguntas interessantes. É verdade que qualquer um que não é feliz é um tolo? De muitos modos poder-se-ia talvez dizer que isso epitomiza a teoria moral aristotélica. Em um ponto de vista como esse, princípios e regras morais, se forem legítimos e defensáveis, não são como decretos impostos ao indivíduo a partir de fora, seja pelos pais, ou pela sociedade, ou pelo Próprio Deus. Antes, regras morais são mais da natureza de conselhos de aperfeiçoamento ou instruções quanto ao que se deve ou não fazer a fim de alcançar a felicidade.

Mas se aprender a viver for não mais do que aquilo que é no seu próprio e melhor interesse, e se não aprender não for tão "moralmente errado", no sentido atualmente popular dessa expressão, quanto simplesmente insensato, então como é que tantos de nós não conseguem aprender? Pois muitos de nós não conseguem; não levamos vidas examinadas; não alcançamos nossa perfeição humana natural; não podemos honestamente dizer que somos felizes, pelo menos não de nenhum modo caracteristicamente humano. Quais são os motivos e as fontes desse fracasso? Será um fracasso que poderíamos ter evitado ou a cujo respeito ainda pudéssemos fazer alguma coisa? É o tipo de coisa pela qual podemos responsabilizar somente a nós próprios?

Se nos limitarmos a generalidades, não é difícil classificar as causas principais de nosso fracasso em agir com sabedoria, de tirar o máximo de nós próprios, de atingir autêntica felicidade humana. À luz do que dissemos até agora sobre a natureza do homem e a situação humana, essas causas enquadram-se prontamente em três categorias principais. O fracasso de um homem em atingir seu fim pode se dever ou à ignorância (ele não sabe qual é o verdadeiro fim ou objetivo da existência humana, ou então não sabe como atingi-lo); ou a más escolhas (ele sabe qual é o fim e o que é preciso para atingi-lo, mas simplesmente não escolhe fazê-lo); ou à má sorte e à pura força das circunstâncias (ele sabe o que fazer, e quer fazê-lo, mas é impedido de levar a cabo sua intenção por forças puramente externas).

De acordo com isso, no que se trata de responsabilidade, a questão torna-se se é nossa própria culpa que fracassemos, ou quando esse fracasso se deve ou a não sabermos o que devíamos fazer, ou a não escolher fazê-lo, ou a sermos impedidos de fazê-lo.

2. A IGNORÂNCIA É UMA DESCULPA?

Suponham que consideremos primeiro o tipo de fracasso que é devido à ignorância. Podemos realmente receber a culpa se fazemos papel de tolos e jogamos nossa vida fora, simplesmente porque não temos melhor conhecimento? Quantas pessoas realmente sabem, ou ao menos alguma vez pararam para pensar, o que é de fato melhor para elas? Pergunte à primeira pessoa que encontrar na rua se ela tem ou não conhecimento de que só a vida examinada é digna de ser vivida. Ela vai achar que você é maluco. O que as afirmações do autoconhecimento socrático significam para ela? Essa pessoa sequer ouviu falar de Sócrates, muito menos se preocupou com sua mensagem.

Não obstante, afinal a questão pode não ser exatamente tão simples. A fim de expor algumas das complexidades que estão envolvidas em fracassos oriundos da ignorância, suponham que consideremos como a questão tende a ser apresentada em contextos éticos. Assim, na sociedade ocidental, as tradições tanto do direito civil quanto do direito consuetudinário sempre tenderam a reconhecer a validade de duas máximas:

1. *Ignorantia legis neminem excusat.*
2. *Ignorantia facti excusat.*

A ignorância da lei não desculpa, mas a ignorância dos fatos desculpa. O que significa essa distinção, e por que somente o último caso seria considerado desculpável e não o primeiro?

A. IGNORÂNCIA DOS FATOS

O exemplo clássico de ignorância dos fatos é o do homem que sai para caçar: ele ouve um movimento no matagal e atira; mas, em vez de abater um cervo, ele acerta um outro caçador. O primeiro caçador pode ser dado como responsável pelo dano infligido ao segundo? O primeiro pode dizer que não pretendia ferir ninguém; apenas atirou contra o que pensou ser um cervo. Foi isso, então, apenas um acidente, lamentável, é claro, mas não algo pelo que alguém pudesse ser culpado ou dado como responsável?

No que diz respeito à situação legal, a resposta a essa pergunta deveria sem dúvida basear-se em se o atirador havia ou não agido descuidada e imprudentemente. Teria ele, embora soubesse do perigo envolvido, atirado assim que percebeu o mais leve movimento nos arbustos, sem se incomodar em tomar precauções? Ou teria ele, devido à sua empolgação e avidez, atirado precipitadamente e sem parar para pensar se haveria algum perigo envolvido? Na primeira alternativa, ele seria considerado como tendo agido imprudentemente, uma vez que tinha consciência dos riscos que estava correndo ao atirar assim apressadamente. Na segunda alternativa ele seria considerado descuidado ou negligente, uma vez que não parou para pensar nem em riscos nem em precauções.

Uma terceira alternativa é possível: que o caçador não só estava ciente dos perigos envolvidos como tomou as necessárias precauções; que só atirou depois que efetivamente viu os chifres do cervo; mas nesse exato instante, por total acidente, o segundo caçador atravessou-se em sua linha de fogo. Nessas circunstâncias, dificilmente o primeiro seria dado como responsável pelo dano causado ao segundo.

Quando se faz a transição de um contexto legal para um contexto ético, nossas avaliações não seriam muito diferentes. Imprudência e descuido poderiam bem ser considerados fraqueza moral ou, com mais exatidão, provas de ou uma falta de, ou então uma incapacidade de exercer, certas virtudes morais.

HENRY B. VEATCH

Também é concebível que, mesmo em um contexto moral, houvesse situações nas quais dano ou prejuízo pudessem acontecer com um homem *porque* ele estava exercendo virtudes morais. Suponham que um motorista seguindo para o norte pela New Jersey Turnpike começa a entrar em trechos de nevoeiro à medida que se aproxima das terras planas pantanosas nas cercanias da entrada de New York City. Obedecendo à sinalização especial de advertência, ele reduz a velocidade, toma as precauções obrigatórias e fica alerta para possíveis perigos. De repente, um caminhão enorme, vindo por trás dele a alta velocidade, mas totalmente invisível devido a um súbito trecho de nevoeiro denso, choca-se com a traseira do carro. Poder-se-ia dizer que, se o motorista do carro não estivesse avançando de um modo calmo, cauteloso e inteligente, que se ele houvesse sido mais imprudente ou mais descuidado, o caminhão nunca o teria alcançado e o acidente nunca teria ocorrido. O motorista do carro com certeza não seria considerado legalmente responsável pelo acidente; nem ele poderia ser considerado moralmente responsável por alguma coisa que, por um esforço de imaginação, pudesse ser considerado comportamento insensato ou inadequado — mas isso sem dúvida seria pouco consolo por ter seu carro destruído e por ser obrigado a passar vários meses no hospital recuperando-se de graves ferimentos. O salário do pecado pode ser a morte, mas o da virtude também pode.

Deixando aos cínicos fazerem o que quiserem desse caso hipotético, permanece o fato de que, em moral e ética, o princípio que rege a avaliação da responsabilidade por ignorância dos fatos é muito simples. Claramente, somos responsáveis, temos a culpa, se nossa ignorância se deve a uma falta de virtude moral — por exemplo, quando não conhecemos os fatos da situação porque fomos preguiçosos demais para descobri-los, ou porque deliberadamente evitamos descobri-los por medo de que o conhecimento pudesse ser desagradável, ou fomos simplesmente imprudentes ou descuidados, ou porque fizemos uma elaboração errada dos fatos, ou porque fomos atropelados, por assim dizer, pelas nossas emoções: medo, raiva, desejo, inveja, melindre ou o que seja. É um truísmo que nosso julgamento das coisas muitas vezes é tingido, ou distorcido, ou cegado, por como nos sentimos, por nossas paixões e apetites. De acordo com isso, quando não conseguimos avaliar corretamente, ou talvez até quando não conseguimos avaliar em absoluto, os fatos de uma dada situação, simplesmente porque não aprendemos a moderar e redirecionar nossos sentimentos e desejos de forma a pô-los sob o controle da inteligência e do entendimento, então, certamente, somos responsáveis por essa ignorância.

Por outro lado, não há como superar o fato de que, sendo a vida humana o que é, haverá incontáveis situações em nossas vidas nas quais, como dizemos, nunca teríamos agido como agimos se soubéssemos quais eram os fatos, por mais constantes e eficientes que possamos ter sido no exercício de virtude moral. Danos e machucados imprevisíveis e, pelo menos em um sentido moral, inevitáveis nos acontecem; nem seria adequado, nesses casos, nos culpar pelas conseqüências de nossa ignorância.

B. Ignorância da lei

Mas e quanto à ignorância da lei? Esse é, de muitos modos, um princípio mais difícil de se lidar, conforme é indicado pelo fato de que sua explicação e justificativa são uma fonte de não pouco embaraço para os próprios juristas. "Ignorância da lei", eles dizem, "nunca é uma desculpa." Mas por quê? Infelizmente, eruditos jurídicos nunca parecem prontos para apresentar uma justificativa dessa máxima, a não ser que seja em termos de utilidade social: a sociedade, afirma-se, não poderá se manter, a não ser que haja algum sistema de ordem jurídica; e um sistema de ordem jurídica não pode se manter, a não ser que cada cidadão individual seja considerado responsável por ter um conhecimento da lei. Mas, embora isso tudo possa estar muito bem do ponto de vista da sociedade, parece muito severo do ponto de vista de justiça com o indivíduo. Quando consideramos os volumes sobre volumes de estatutos existentes, jurisprudências interpretando os estatutos e as obras igualmente volumosas expondo a tradição do direito civil, daria a impressão de ser não meramente uma ficção mas uma rematada injustiça supor que todo homem deva conhecer a lei. Além do mais, o que a lei é em uma dada área pode ser mudado a qualquer dia por uma nova decisão de um tribunal, e essa decisão, por sua vez, pode ser mudada por uma apelação a uma instância superior, presumindo-se, no entanto, que as partes litigantes devessem saber o tempo todo qual era a lei, mesmo antes desses pronunciamentos e revogações — tudo isso dando a impressão de aumentar tanto a ficção quanto a injustiça ao ponto de torná-las intoleráveis.

Quando tratamos de moral e ética, tende a surgir uma dificuldade um tanto comparável com relação ao análogo ético de *Ignorantia legis neminem excusat*. Pois no âmbito moral parece estar em ação uma espécie de lei natural, em contraste com a lei mais positiva que prevalece na ordem jurídica. De fato, os mesmíssimos princípios de moral e ética que até agora buscamos defender podiam ser todos encarados como outras tantas leis naturais, ou leis determinadas pela natureza do homem. Por exemplo, afirmamos que é próprio da natureza mesma do homem que uma vida plena para um ser humano deve consistir em viver inteligentemente. Igualmente, é uma lei da natureza do homem que ele não pode levar uma vida examinada ou inteligente sem primeiro aprender a fazê-lo. E é ainda mais uma lei da natureza humana que, a fim de ser um homem bom, diferentemente de meramente ser um bom artesão, algo mais tem de ser adquirido, além de mero *know-how*, hábitos de escolha ou virtudes morais sendo igualmente necessários.

Sem dúvida, a linguagem de "lei natural" está fora de moda nos dias atuais. Portanto, pode nos parecer um tanto canhestro, para não dizer pouco natural, usar uma linguagem aparentemente jurídica com relação a se viver a vida e às exigências e necessidades da natureza humana. Mas esse sentimento de estranheza pode não ser mais do que um preconceito devido a acidentes da moda. De qualquer maneira, para nossos propósitos atuais, deveria mostrar-se esclarecedor empregar essa linguagem de aparência jurídica com relação à ética. Assim, podemos dizer que as obrigações e exigências morais da vida humana são determinadas por nada menos que as leis da natureza do homem e da ordem da natureza de uma maneira geral.

Muito bem, então, e quanto à responsabilidade do homem pela ignorância dessas leis morais naturais? Pode-se sustentar que todo ser humano deve saber quais são essas leis e que a ignorância delas é algo para o qual não há desculpa?

Henry B. Veatch

À primeira vista poderia parecer que colocar essas perguntas só serviria para fazer surgir de novo o fantasma do relativismo. Dada a desnorteante variedade de condições, costumes, hábitos, ideais e circunstâncias da vida que caracterizaram o homem no decorrer de sua história, como seria possível pretender que somente um modo de vida, a chamada vida inteligente, ou examinada, é natural do homem? Mas um exame um pouco mais atento logo revelará que a pergunta levantada aqui não é uma pergunta de relativismo; é a seguinte: supondo que existe uma lei natural que determina qual é a vida certa para o homem, como se pode esperar que todos os homens saibam qual é ela? Um ilhéu primitivo dos Mares do Sul, um comunista norte-coreano que sofreu uma lavagem cerebral completa, um servo nascido e criado nas condições restritivas de um solar medieval, um jovem imigrante porto-riquenho vivendo em esmagadora pobreza em um cortiço do Harlem, um trabalhador escravo no antigo Egito, um membro selecionado da Juventude Hitlerista cuja vida inteira foi um contínuo processo de condicionamento a uma aceitação cega do ideal nazista — como seria possível sustentar que seres humanos como esses, sofrendo dificuldades e limitações como as que sofrem, estejam em condições de conhecer e dar valor ao ideal socrático da vida examinada? Colocada assim, a coisa certamente parece grotesca. Nem há nenhuma dúvida de que a responsabilidade pela ignorância por parte desses indivíduos em circunstâncias de vida menos favoráveis é menor do que a dos que se encontram em circunstâncias mais favoráveis. Deve-se sem dúvida admitir que há casos em que as condições da vida humana são tais que qualquer coisa como responsabilidade pela ignorância das chamadas leis naturais da existência humana não pode ser atribuída com justiça aos indivíduos em questão.

Ao mesmo tempo, é fácil exagerar o predomínio de condições de vida tão extremas ao ponto de remover por completo a responsabilidade de um homem por saber quais são os fatos da existência humana, ou quais são as obrigações naturais que pesam sobre um ser humano para o aperfeiçoamento de sua própria natureza. Tome-se, pois, o caso até mesmo de um escravo, ignorante e sem instrução, vivendo em condições da mais extrema degradação. Alguém teria a audácia de dizer que um homem desses era totalmente incapaz de reconhecer instâncias da vaidade e insensatez humanas, de covardia e de coragem, de mesquinhez e generosidade?

É verdade que, como as condições de vida variam de uma época para outra, de região para região, ou de uma cultura para outra, os critérios de valentia, digamos, ou de honestidade, ou de estupidez hão de variar consideravelmente. Mas a distinção entre valentia e covardia, honestidade e desonestidade, sabedoria e insensatez será não obstante reconhecida e mantida quase universalmente.

Na verdade, é evidente que, quando o padrão de perfeição na vida humana é simplesmente viver sábia ou inteligentemente, a linha de ação inteligente em um conjunto de circunstâncias será muito diferente do que é em outro. A vida inteligente para um monge tibetano assumirá uma forma um tanto diferente da que é adequada a um empresário norte-americano. Mas, ainda que nosso reconhecimento de sabedoria ou insensatez em outras pessoas possa vacilar às vezes, ou mesmo falhar completamente, em particular se as circunstâncias em que elas se apresentam são radicalmente diversas daquelas a que nós próprios estamos acostumados,

Henry B. Veatch

ainda assim é possível para nós habitualmente alcançar pelo menos algum tipo de reconhecimento da excelência humana, ou da estupidez humana, por mais superficialmente diferentes que nossos próprios padrões possam ser?

Suponham que tentemos uma experiência em apoio a essa afirmação. Suponham que consideremos o caráter de certas figuras históricas, amplamente separadas umas das outras no tempo, na geografia, na cultura e na civilização e nas circunstâncias específicas de suas vidas. E, enquanto consideramos esses exemplos, suponham que continuemos a fazer a nós mesmos a pergunta de se, tal como nós próprios, apesar de nossa distância e diferença dos homens que estamos considerando, somos capazes de apreciar a excelência ou a deficiência de seus caracteres — se esses mesmos homens tivessem podido saber uns sobre os outros, não teriam reagido igualmente às excelências ou deficiências uns dos outros.

Como nosso primeiro exemplo, vamos considerar de novo o caráter de Sócrates, dessa vez como ele próprio o descreve ao falar em defesa própria no seu julgamento:

> Deixem-me contar-vos uma passagem de minha própria vida que lhes provará que eu não deveria nunca ter cedido à injustiça por medo da morte, e que, "como eu devia ter me recusado a ceder", devia ter morrido imediatamente. Vou contar-vos uma história dos tribunais, não muito interessante, talvez, mas assim mesmo verídica. O único cargo oficial que jamais ocupei, ó homens de Atenas, foi o de senador: a tribo antíoque, que é a minha tribo, teve a presidência do julgamento dos generais que não haviam recolhido os corpos dos que tombaram na batalha de Arginusae; e vós propusestes julgá-los em conjunto, contrariamente à lei, como todos vós achastes posteriormente; mas, na época, eu fui o único dos prítanes que se opôs à

ilegalidade, e dei meu voto contra vós. E quando os oradores ameaçaram destituir-me e prender-me, e vós clamastes e gritastes, decidi-me a correr o risco, tendo a lei e a justiça a meu lado, em vez de tomar parte na vossa injustiça, por temer a prisão e a morte. Isso aconteceu no tempo da democracia. Mas quando a oligarquia dos Trinta estava no poder, mandaram trazer a mim e a quatro outros para a rotunda, e nos ordenaram trazer Leão, o salamisano, de Salamis, pois queriam executá-lo. Essa foi uma amostra do tipo de ordens que eles estavam sempre dando com o fim de implicar tantos quantos fosse possível em seus crimes, e então eu mostrei, não apenas em palavras, mas em ações, que, se me permitem usar esse tipo de expressão, eu não estava ligando uma palha para a morte, e que meu único e grande cuidado era que eu não fizesse alguma coisa ímpia ou iníqua. Pois o braço forte daquele poder opressivo não me atemorizou a agir errado; e quando saímos da rotunda, os outros quatro foram para Salamis e buscaram Leão, mas eu fui sossegadamente para casa. Pelo que eu poderia ter perdido a vida, se o poder dos Trinta não houvesse chegado ao fim pouco depois. E muitos serão testemunhas de minhas palavras.[1]

Para nosso segundo exemplo, vamos mudar o cenário de Atenas em 399 a.C. para as guerras civis na Grã-Bretanha do século XVII. O que se segue é uma breve exposição, por um historiador moderno, do caráter de um certo James Butler, conde de Ormonde, a quem o rei colocara no comando de suas forças na Irlanda. Talvez se devesse observar, de passagem, que, dessa vez, a luta na Irlanda chegara a uma verdadeira "fúria de destruição e ódio", irlandeses contra ingleses, católicos contra protestantes, simpatizantes do Parlamento contra as forças do rei. Este, então, é o esboço dado de Ormonde:

---

[1] *The Dialogues of Plato*, trad. de Benjamin Jowett, Oxford: Oxford University Press, 3rd ed., 1892, Vol. II, *Apology*, pp. 125-26 (32 A-D).

O conde de Ormonde, general das forças do governo de Dublin, recusou-se a arrasar os vilarejos irlandeses ou a matar civis. O maior número de seus parentes normando-irlandeses era simpático aos rebeldes; sua mãe era católica romana, seu irmão pegara em armas contra os insurgentes. Ele tinha outros motivos de aflição, pois o rei certamente lhe comunicara segredos que ele teria se sentido mais feliz se não conhecesse, e ele, melhor do que ninguém, conhecia a extensão das absurdas maquinações de Charles contra os irlandeses. Sua competência e popularidade com as forças do governo o tornavam indispensável, e no entanto havia no Conselho quem suspeitasse de cumplicidade dele com os rebeldes. Mas Ormonde manteve-se, com grande firmeza, em favor da lei, da ordem e da lealdade à coroa, e refutou as calúnias insinuadas: "Seguirei com constância", escreveu ele, "nem poupando o rebelde porque é meu parente, ou porque foi meu amigo, e tampouco afiarei minha espada um pouquinho que seja para satisfazer a quem for, exceto a mim mesmo, no fiel exercício da tarefa que me foi confiada."
Sua esposa foi isolada no castelo de Kilkenny, com seus filhos e as centenas de fugitivos que lá ela havia acolhido. Os líderes irlandeses ameaçaram destruí-los, a não ser que Ormonde abandonasse seu comando das forças do governo. Os ingleses responderam que, se a condessa e seus filhos fossem feridos, nenhuma mulher ou criança irlandesa seriam poupadas. Mas Ormonde, não afrouxando seus preparativos para a campanha da primavera, promulgou uma resposta diferente. Se sua esposa e seus filhos, ele escreveu, "receberem danos infligidos por homens, nunca me vingarei disso em mulheres e crianças; o que, sendo algo vil e não-cristão, estaria extremamente abaixo do valor que dou à minha esposa e meus filhos".[2]

Colocando lado a lado o caráter desses dois homens, Sócrates e o conde de Ormonde, nem é preciso dizer que existe uma vasta diferença entre a Atenas do século V após a morte de Péricles e a Grã-Bretanha e Irlanda do século XVII sob o reinado de Charles I.

---
[2] C. V. Wedgwood, *The King's War*, Nova York: Macmillan Co., 1959, pp. 79-80.

Do mesmo modo, nem é preciso dizer que seria difícil imaginar homens mais diferentes, em muitos sentidos, do que Sócrates e Ormonde – o primeiro um *pöbelhafter Mensch*,* como Nietzsche o chamou, filho de uma parteira, cuja linguagem era sempre aquela usada "na ágora, às mesas dos cambistas";[3] o outro, um refinado e elegante aristocrata anglo-irlandês, criado em ambientes barrocos e movimentando-se em uma sociedade em que a polidez e as boas maneiras deviam ser absolutamente *de rigueur*. E no entanto, apesar de suas diferenças – ou talvez se devesse dizer exatamente *em* suas diferenças –, ambos concordavam em sua determinação de conservar sua sanidade e seu julgamento diante de pressões, paixões, traições e até mesmo o medo da própria morte. É exatamente nesse tipo de coisa que consistem a vida inteligente e a vida virtuosa. Além do mais, no contexto de nossa atual argumentação, o que é significativo é não meramente o fato de que se possa dizer, tanto de Sócrates quanto de Ormonde, que cada um à sua maneira levou uma vida examinada, mas também que nós, hoje, quando lemos as narrativas dessas vidas, conseguimos apreciar a excelência de seus exemplos. Pois nas circunstâncias e condições de nossas vidas somos tão diferentes tanto de Sócrates e de Ormonde quanto eles eram diferentes um do outro. E, no entanto, as exigências da excelência humana são discerníveis na vida humana onde quer que ela possa ser encontrada, com o resultado de que todos nós, com apenas poucas exceções, temos pelo menos alguma vaga idéia dos tipos de exigências que nossa própria natureza humana nos impõe.

---

* Homem da plebe, plebeu (em alemão, no original) (N. do T.).
[3] Platão, *Apology*, p. 109 (17 D).

HENRY B. VEATCH

De outro modo, como poderíamos ler história e literatura não meramente com apreciação estética, mas com uma apreciação de sua relevância para nossas vidas? O fato de nossa reação humana a exemplos de realização ou fracasso humanos, de sabedoria ou insensatez humanas, por mais diferentes que esses possam ser de nós em tempo, lugar, cultura ou circunstâncias de vida — esse fato é de não pouca relevância quando se trata de decidir se há padrões de excelência humana mais ou menos objetivos e se, como homens, somos capazes de reconhecer esses padrões.

Sem dúvida, muitos de nós nos tornamos tão insensibilizados pelos negócios e pela labuta comum, para não falar dos prazeres e distrações comuns, da vida, que paramos de reagir às, ou talvez até de ter consciência das exigências que nossa natureza humana nos faz. Mesmo assim, a maioria de nós tende a ser desconfortavelmente, ainda que fracamente, consciente de como poderíamos ter incentivado e cultivado essa consciência, em vez de desprezarmos ou até mesmo nos cegarmos para o que, simplesmente como seres humanos, poderíamos ter sido, e talvez ainda possamos nos tornar, se escolhermos.

Para que não se pense que em nossa experiência nos limitamos a personagens que só poderiam evocar nosso respeito e aprovação, podíamos terminar com a seguinte estimativa que o Dr. Johnson certa vez fez do personagem de Falstaff.

> Mas Falstaff, nunca imitado, inimitável Falstaff, como hei de te descrever! Tua mistura de sensatez e vício; de sensatez que pode ser admirada, mas não avaliada; de vício que pode ser desprezado, mas dificilmente detestado. Falstaff é um personagem carregado de falhas, e daquelas que naturalmente produzem des-

prezo... E, no entanto, o homem assim corrupto, assim desprezível, torna-se necessário ao príncipe que o despreza, pela mais agradável de todas as qualidades, divertimento perpétuo, por um infalível poder de provocar riso, o qual é muito livremente satisfeito, pois que sua finura de espírito não é do tipo esplêndido ou ambicioso, mas consiste em fácil evasão e surtos de frivolidade, o que faz rir, mas não provoca inveja. Deve-se observar que ele não é maculado por crimes enormes ou sanguinários, de forma que sua licenciosidade não é tão ofensiva, mas pode ser suportada por sua jovialidade.

A moral a ser tirada dessa representação é que homem algum é mais perigoso do que aquele que, com a vontade de corromper, tem o poder de agradar; e que nem argúcia nem honestidade deviam achar-se a salvo com um companheiro assim, quando vêem Henry seduzido por Falstaff.[4]

Não podemos concluir que, apesar da diversidade de períodos e culturas, apesar da aparente heterogeneidade de padrões morais e padrões de valor, os seres humanos não obstante de fato parecem capazes – não infalivelmente, e por certo não unanimemente, mas ainda assim com impressionante regularidade – de apreciar e reagir a instâncias de valor humano e de fraqueza humana, de perfeição e imperfeição humanas, onde quer que se encontrem? É esse poder universal, ainda que intermitente, de apreciação mútua entre os homens que nos torna capazes de interesses como história e as humanidades, e sem o qual, embora possamos nos tornar cientistas, nunca poderíamos nos tornar humanistas, ou talvez nem mesmo seres humanos no autêntico sentido.

Além do mais – e com isso voltamos ao argumento central da presente seção –, se todos os homens têm mesmo esse poder de

---

[4] Citado de Joseph Wood Krutch, *Samuel Johnson*, Nova York: Henry Holt and Co., 1944, pp. 332-33.

apreciação mútua, uma capacidade de reconhecer e reagir tanto à insensatez quanto à excelência humanas, então pareceria que aquilo que denominamos "ignorância da lei", no sentido de uma ignorância das leis e valores de nossa própria natureza humana, é uma ignorância pela qual todos nós somos em certa medida responsáveis, e pela qual devemos ser considerados mais ou menos responsáveis por mais que a responsabilidade possa variar em grau, dependendo das circunstâncias particulares de nossas variadas condições humanas.

3. O QUE VEM PRIMEIRO, A IGNORÂNCIA COMO CAUSA DE FRACASSO MORAL OU A FRAQUEZA MORAL COMO CAUSA DA IGNORÂNCIA?

O que ficou determinado na seção anterior é que, dada a condição humana normal, quase todos nós provavelmente sabemos, ao menos em princípio, o que é melhor para nós. Somos também capazes de saber, pelo menos na maior parte do tempo, qual é o melhor caminho a seguir, mesmo em um caso concreto particular. Daí, se muitos de nós não conseguem tornar-se homens bons, em grande parte por causa da ignorância do que devíamos fazer, deve ser que essa ignorância, longe de ser um derradeiro princípio de explicação, é autocausada e auto-imposta – i. e., uma ignorância que infligimos a nós mesmos e pela qual nós próprios somos responsáveis. Para dizer a mesma coisa um pouco diferentemente, em última análise, nossos fracassos humanos devem-se não ao fato de que não sabemos o que devíamos fazer, mas antes ao fato de que não escolhemos agir sobre nosso conhecimento.

Somos, então, postos cara a cara com a segunda causa de fracasso, que já mencionamos, e que agora promete absorver e até mesmo deslocar a ignorância como uma causa de fracasso em qualquer coisa semelhante a um sentido extremo. O que dissemos foi que nossas más escolhas, exatamente tanto quanto nossa ignorância, poderiam ser a fonte de nossos fracassos. Mas parece que, mesmo quando a ignorância é a causa do fracasso, é geralmente uma ignorância que se deve a nossas más escolhas. De acordo com isso, começa a parecer que a escolha certa, muito mais do que o conhecimento certo, seria o interesse básico da ética e da moral.

4. O PROBLEMA COMPLICADO DE PLATÃO: VIRTUDE NÃO É SENÃO CONHECIMENTO, E VÍCIO NÃO É SENÃO IGNORÂNCIA

Mal fazemos essa sugestão, com certeza nos vemos atrapalhados diante de qualquer noção assim de escolha humana, pois sua compreensão é carregada de um sem-número de dificuldades e complicações. Parece não haver melhor meio de abordar algumas dessas complicações do que considerar rapidamente a famosa tese, definida no diálogo de Platão do *Protágoras*, de que virtude é conhecimento.[5] O resultado dessa tese platônica é que tudo que acabamos de dizer sobre escolha, mais do que ignorância, sendo a

---

[5] No que se segue, eu sem dúvida parecerei estar sendo leviano tanto com Platão quanto com a reputação de Platão. É verdade que, no diálogo *Protágoras*, Platão representa Sócrates como defendendo uma tese no sentido de que a virtude é simplesmente uma questão de conhecimento e o vício, de ignorância. No entanto, que essa é a visão ponderada do próprio Platão ou que ele mesmo teria aceitado todas as implicações e conseqüências que buscamos tirar dessa visão — nenhuma dessas alegações é apoiada pela discussão um tanto condensada do *Protágoras*. Não obstante, precisando dispor de um rótulo conveniente a aplicar ao tipo de posição ética de que Sócrates parece ser pelo menos um defensor temporário, rotulamos tanto a visão quanto as implicações que tendemos a encontrar nela de "platônicas". Se esse procedimento exige desculpas, voluntariamente as pedimos — a Platão.

causa extrema do fracasso, é pura bobagem e absurdo. No entanto, a visão de Platão no *Protágoras* parece ser a de que o fracasso não pode ter outra causa senão a ignorância, e que o único motivo pelo qual alguém faz uma má escolha é simplesmente porque não tem melhor conhecimento.

Mais especificamente, Platão assume sua posição sob a proposta de que é impossível para alguém conscientemente fazer uma escolha má ou errada. Pois o que é fazer uma escolha assim, se não escolher aquilo que acaba sendo ruim ou prejudicial para aquele que escolhe? E quem alguma vez escolheria deliberadamente aquilo que soubesse que seria nocivo para si mesmo? É verdade que muitas vezes nós deliberadamente nos sujeitamos ao que sabemos que será prejudicial e desagradável. Mas isso não acontece sempre tendo em vista o que achamos que, a longo prazo, será de maior benefício – quando, por exemplo, aceitamos passar pelo sofrimento de uma operação cirúrgica, mas somente em nome de recuperarmos nossa saúde? Ora, se efetivamente não acreditamos que a linha de ação que estamos escolhendo será, a longo prazo, de maior benefício para nós, estamos pelo menos convencidos de que, a curto prazo, isso trará alguma vantagem, e que provavelmente, a longo prazo, não vai fazer mal ou fazer muita diferença. Donde dizemos a nós próprios: "Por que não tentar conseguir, a curto prazo, tanto prazer e benefício quanto pudermos? Por certo vai valer a pena." Esse é o modo como geralmente raciocinamos. É sequer concebível que um homem algum dia escolha aquilo que ele tivesse absoluta certeza de que lhe seria mais prejudicial do que benéfico, sem nenhum fator de compensação para fazer com que o risco, afinal, pareça valer a pena?

Ou olhem desta maneira. O que precisamente significa para nós escolher uma coisa ou uma linha de ação em vez de outra? Não significa que preferimos uma à outra? Mas preferir uma coisa a outra significa que uma é de algum modo melhor do que a outra. E quando dizemos que "achamos" que uma coisa é melhor ou preferível, significa que ela nos *parece* melhor, nós *pensamos* que ela é melhor. De fato, seria algo mais do que uma tautologia dizer da escolha humana que é sempre uma escolha daquilo que nos parece melhor? Evidentemente, pode não ser realmente melhor, mas apenas parecer assim. E, no entanto, isso apenas tende a confirmar a tese de Platão. Pois Platão não está nem por um minuto afirmando que ninguém jamais escolhe de fato o que é pior em vez do que é melhor; sua afirmação é somente que ninguém jamais o faz conscientemente. Em conseqüência, para ele, todas as más escolhas que nós, seres humanos, fazemos – e Deus sabe que as fazemos em quantidade! – acabam não sendo nada além de uma função de não termos melhor conhecimento.

Mas essa conclusão não vai diretamente contra o que nossa experiência repetidamente atesta? E todos nós ocasionalmente já não dissemos a nós mesmos: "Vejo qual é o melhor caminho e o aprovo, mas sigo o pior" ("*Video meliora proboque deteriora sequor*")?

E não é meramente ao bom senso que essa tese platônica faz violência. Além disso, ela vai contra a afirmação de Aristóteles, que explicamos e defendemos tão minuciosamente no capítulo anterior, de que para se levar uma vida boa ou feliz não bastará ter apenas virtude intelectual; deve-se ter também virtude moral. Mas eis que chega Platão e diz que, seja qual for a melhor linha de ação, se um homem sabe qual ela é, há de necessariamente segui-la; por outro lado, se um homem faz alguma coisa que é ruim ou insensata, só pode ser porque não se deu conta do que estava fazendo. Que outro, na verdade, poderia ser o sentido da célebre máxima platônica de que virtude é simplesmente uma questão de conhecimento, e o vício, de ignorância? Semelhantemente, nessa visão platônica, o negócio de viver bem acaba por ser uma mera questão de habilidade ou *know-how*, e de nada mais – tal como as outras artes.

5. Não há como superar o argumento de Platão?

Como se há de responder a essa tese platônica? Pois não importam quantos motivos possamos ter para achá-la dúbia, ou até sofística, ela é extremamente difícil de refutar. Suponham que tentemos nos contrapor à tese de Platão apelando para a consideração de que a ignorância, longe de ser o único motivo para nossas escolhas, é ela própria não infreqüentemente o resultado de nossas próprias escolhas. Afinal, o conhecimento humano e, correspondentemente, a ignorância humana não brotam em um vácuo completo. Grande parte, senão a maior parte, de nosso conhecimento resulta de termos deliberadamente escolhido nos informar e descobrir sobre as coisas. E, quanto à ignorância, já observamos como é freqüente que não saibamos a respeito de algo, pelo motivo de que não escolhemos nos dar ao trabalho de aprender, ou talvez porque escolhemos deliberadamente não aprender. De fato, quanto mais se considera a questão, mais parece que nossa ignorância e atitudes estúpidas talvez se devam principalmente à nossa própria preguiça, ou talvez medo, ou presunção, ou descuido. Daí, por que não virar o argumento contra Platão e dizer que não é por causa da ignorância que nossos caracteres são fracos e nossas escolhas ruins, mas sim porque nossos caracteres são fracos é que somos, durante tão grande parte do tempo, ignorantes do que devíamos e podíamos saber?

Mas Platão poderia ter uma resposta fácil para essa – embora, a esta altura, nossa interpretação de Platão tenha de longe ultrapassado os próprios textos platônicos. Platão precisa só destacar que isso meramente muda a questão do papel decisivo do conhecimento e da ignorância no comportamento moral para um grau mais afastado, mas não a elimina. Admitindo-se que minha falta de conhecimento possa se dever a eu não escolher descobrir; ou talvez a eu não escolher ponderar o que sei muito bem, ainda assim, e quanto a essa questão primeira de eu não escolher descobrir, ou de eu não escolher exercer o conhecimento que tenho? Por que não escolhi fazê-lo? Certamente, se eu houvesse percebido (i. e., se eu houvesse sabido) como era importante descobrir, ou como teria sido melhor para mim empregar o conhecimento que eu já tinha, então eu, com toda certeza, teria escolhido fazê-lo. Mas eu não percebi e não sabia; por isso, não escolhi. Mais uma vez, o princípio torna-se tanto evidente quanto inescapável: qualquer escolha pressupõe necessariamente algum tipo de julgamento quanto a melhor e pior; e se o julgamento é verdadeiro ou falso é uma questão de se se sabe ou não se sabe. Em outras palavras, virtude ou escolha certa é simplesmente uma questão de saber qual é a coisa certa a fazer, tal como não fazer a escolha certa é simplesmente uma questão de não saber.

Parece não haver nenhum meio de penetrar as defesas de Platão. Pois assim que se apresenta uma prova para demonstrar que algum fator como má escolha entra em nossos fracassos humanos, tanto quanto ignorância ou falta de conhecimento, e já Platão pode imediatamente retrucar que qualquer escolha que nós, seres humanos, possamos fazer pode ser apenas uma escolha do que parece melhor para nós no momento. Donde, se o que parece melhor para nós acaba não sendo realmente melhor para nós, nossa escolha terá sido ruim, mas, em última análise, será sempre nada além de ignorância a causa dessas más escolhas, e então só pode ser ignorância a causa final de todos os nossos fracassos.

6. Uma possível resposta a Platão

E, no entanto, há um ponto fraco nesse argumento platônico, afinal. Pois notem que a defesa de Platão é sempre apelar para o princípio de que as escolhas de um homem só podem ser escolhas do que lhe parece melhor no momento. Nem esse princípio pode ser atacado, pois é não só verdade como talvez até mesmo uma tautologia, uma vez que "escolher" significa simplesmente "escolher aquilo que parece melhor". Ainda assim, somente esse princípio não basta para defender a tese de Platão. Pois não só ele deve mostrar que nossas escolhas, quando as fazemos, são determinadas por nossas opiniões do que é melhor; ele deve também mostrar que nossas opiniões do que é melhor, quando as temos, necessariamente determinam nossas escolhas. Nem esses dois princípios de modo algum se reduzem à mesma coisa. Pois se por um lado pode ser verdade que se e quando faço uma escolha só posso escolher aquilo que, na ocasião, parece melhor, não se segue necessariamente disso que se e quando eu tenho uma opinião do que é melhor para mim eu necessariamente escolho influir sobre essa opinião.

No entanto, é precisamente com referência a essa última situação que a insistência de Aristóteles na necessidade de virtude moral, diferentemente de virtude intelectual, é de particular pertinência. Pois Aristóteles não estava questionando o fato de que sempre fazemos nossas escolhas com base no mesmo tipo de opinião ou julgamento imediatos quanto ao que é melhor para nós. Antes, o que interessava a ele era que freqüentemente demais nosso melhor juízo não parece determinar nossa escolha. Ao contrário, quando chegamos a fazer uma escolha, freqüentemente escolhemos aquilo que, em um momento mais calmo, prontamente reconhecemos ter sido tolo e insensato em excesso. Donde a necessidade de virtude moral, além da virtude intelectual — virtude moral, isto é, que servirá para botar nossas efetivas escolhas e preferências em concordância com o que nosso melhor julgamento nos diz ser o melhor rumo para seguirmos.

Visto sob essa luz, o princípio de Platão começa a parecer não tanto verdadeiro quanto mera e trivialmente verdadeiro. Pois, aceitando que no momento de escolher eu sempre escolho o que me parece melhor nesse exato momento, o que isso prova? Por certo não prova que eu necessariamente irei até o fim com minha escolha. Pois pode muito bem ser que mal começo a fazê-lo e mudo de idéia; alguma outra linha de ação se sugere para mim como sendo muito melhor; minha primeira escolha deixará então de ser atuante e será substituída por uma escolha nova e diferente, de acordo com minhas opiniões novas e diferentes. Mesmo que se seguisse com a visão de Platão ao ponto de admitir que meus julgamentos quanto ao que é melhor ou pior fazer, ou todo o tempo ou na maior parte do tempo, de fato determinam minhas escolhas, não há nessa situação nada que garanta alguma constância a esses julgamentos. Daí concluir disso que virtude é simplesmente uma questão de conhecimento pareceria ser ou trivial e insignificante ou então totalmente enganoso e até enganado.

Para tomar um exemplo familiar, ainda que banal, suponham, por exemplo, que eu sei muito bem que minha irritabilidade e mau gênio são fraquezas graves de meu caráter, levando-me repetidamente a fazer coisas que são insensatas e lamentáveis. Sem dúvida, esse conhecimento de minha própria fraqueza dá origem, de minha parte, a repetidas firmes resoluções de tentar corrigir meus maus hábitos. Mas se uma chamada telefônica me interrompe quando estou tirando uma soneca, se um motorista na autopista de repente freia sem sinalizar, se uma secretária deixa de datilografar a carta que eu lhe disse que deveria seguir pelo correio da tarde — então, o que acontece? Eu perco as estribeiras; esqueço por completo todas aquelas sensatas considerações iniciais quanto a como são estúpidos esses rompantes de fúria e como eles são um grave reflexo de meu caráter e personalidade.

E quanto a Platão? Em um sentido, ele não foi exatamente refutado, pois mesmo em meu ataque de raiva eu escolho agir de acordo com o que meu julgamento *naquele momento* me diz que está certo e que é o que eu devia fazer. Mas, em outro sentido, ele é completamente refutado. A virtude não é simplesmente uma questão de conhecimento; é muito mais uma questão de agir de acordo com o seu conhecimento ou permanecer constante em relação a ele, em vez de deixá-lo ser eternamente deslocado por inumeráveis contra-opiniões e julgamentos que são determinados por nossas paixões e caprichos do momento.

7. Implicações com respeito à responsabilidade humana

Após essa bastante longa digressão sobre Platão, podemos estar em uma posição um tanto melhor de entender a natureza peculiar da escolha humana, e, mais especificamente, exatamente como e em que sentido nossas más escolhas são uma causa de nossos fracassos humanos. Existe também a questão de nossa responsabilidade por esses fracassos, uma vez que se admita que esses fracassos se devem não tanto a ignorância quanto a más escolhas.

A esse último respeito, é interessante notar que, se a teoria "platônica" (i. e., a interpretação e o desenvolvimento das idéias de Platão que acabamos de apresentar) estivesse correta e se ignorância fosse o único motivo para nossos fracassos, então não haveria como pudéssemos, com justiça, ser considerados responsáveis por nossos próprios fracassos. Muito ao contrário, uma vez que na visão platônica todo ser humano sempre faz o melhor que sabe, donde um homem não fazer algo melhor se deveria simplesmente a ele não ter conhecimento de algo melhor. Nem ele poderia ser culpado por sua ignorância, considerando que, tivesse sido ele capaz de descobrir o que precisaria saber, e tivesse se dado conta de como era importante descobrir, ele com certeza o teria feito. De acordo com isso, em qualquer ponto de vista que afirme que a virtude é uma questão de conhecimento e o vício, de ignorância, homem nenhum pode muito bem ser considerado responsável por ser como é.

Por outro lado, uma vez essa teoria platônica refutada e rejeitada, a história não será diferente no que respeita à responsabilidade humana? Pois agora, embora ainda se deva admitir que homem algum pode escolher qualquer outro rumo de ação senão aquele que lhe parece melhor no momento, ainda assim o mero fato de que um certo rumo lhe pareça melhor não significa que ele necessariamente o escolherá. Ao contrário, é sempre possível para ele mudar de opinião: ele pode pensar mais sobre o assunto e assim vir a se dar conta de que sua preferência original era insensata, ou ele pode simplesmente se deixar ser engabelado a pensar de outra forma pela influência de uma mudança de sentimento ou de humor. Aliás, até mesmo sua opinião original da situação bem podia ter sido diferente. Afinal de contas, é um fato simples incutido repetidamente em nós que, embora em um dado momento as coisas nos pareçam como parecem, ainda assim elas poderiam não ter parecido desse modo em absoluto houvéssemos nós escolhido olhar um pouco mais longe, ou houvéssemos nos dado ao trabalho de investigar com mais cuidado; ou, contrariamente, não houvéssemos nos atarefado para ver o que vimos, ou não houvéssemos nos dado ao trabalho de nos informar como fizemos.

8. A RESPONSABILIDADE HUMANA COMO ENVOLVENDO A LIBERDADE HUMANA

Exatamente como havemos de entender essa expressão "é sempre possível" para nós mudar nossas opiniões quanto ao que é melhor ou pior para nós, ou ter chegado a uma opinião diferente, só para início de conversa? O que está envolvido aqui não é meramente uma possibilidade lógica, ou mesmo uma mera possibilidade física no sentido de que os vários fatores e causas externos que produzem as minhas opiniões pudessem ter sido diferentes ou ainda possam vir a ser diferentes, levando assim minhas opiniões ou a terem sido ou a serem diversas do que são. Aquilo a que é referido aqui é uma possibilidade que me está aberta no sentido de estar dentro de meu próprio poder e disposição. Assim, quando eu digo, "eu nunca teria feito isso, se ao menos houvesse parado para pensar", ou "eu sabia que era besteira fazer isso; por que, então, deixei meu mau gênio me dominar?" – em todos esses casos, a implicação não é meramente que os resultados teriam sido diferentes, houvessem sido diferentes as circunstâncias, mas também que foi de algum modo devido a mim que as circunstâncias não tenham sido diferentes: eu poderia tê-las mudado, mas não mudei. Assim, a responsabilidade pelo resultado final continua sendo minha.

Vocês poderiam replicar: "É verdade que com freqüência falamos assim de nós mesmos, como se estivesse em nosso poder ter agido diferentemente de como agimos. Mas isso seria algo mais do que apenas um modo comum de falar? O que exatamente significa? Isso não evoca todos os problemas relacionados com o livre-arbítrio, uma noção que em última análise se reduz a pura ininteligibilidade?"

A. JUÍZOS DE VALOR COMO LIVRES JULGAMENTOS

Até agora, evitamos o uso da expressão "livre arbítrio", devido às muitas dificuldades com ela relacionadas. Mas talvez não possamos mais evitar o seu uso. Ou talvez, para nossos propósitos, a expressão escolástica *liberum arbitrium*, "livre escolha", ou talvez até "livre julgamento", fosse melhor. Em qualquer caso, apesar das dificuldades que surgem com o uso dessas noções, acreditamos que elas podem se tornar significativas e inteligíveis. Para explicá-las, propomos seguir, na maior parte, uma explicação que se tornou tradicional na filosofia ocidental. Ela diz algo mais ou menos assim.

Há um certo sentido em que nós, seres humanos, nunca parecemos satisfeitos com coisa alguma. O que for que um homem possua, ou riqueza ou saber ou fama ou competência ou até mesmo uma bela mulher, ele sempre consegue pensar em algo mais que ainda não tem e de que gostaria. O motivo para essa insaciabilidade nas vontades e desejos da natureza humana é que o homem é um ser capaz de formar o que poderíamos chamar de noção de um bem absoluto e infinito. É verdade que a maioria de nós, em nossas vidas cotidianas, não sai por aí falando sobre o "bem infinito". Nem isso é algo que possamos concretamente indicar, sendo uma noção puramente abstrata, ou, talvez ainda melhor, uma noção que transcende infinitamente qualquer coisa com que nos deparemos na experiência concreta. Mas, por pouco que possamos falar a respeito dele, nossa conduta e comportamento não são infreqüentemente dominados pela noção dele — do que são testemunhos nossa inquietação, nossos esforços, nosso tédio e insatisfação com o que temos, nossa sempre recorrente busca do novo e do diferente. Poder-se-ia quase dizer que a lógica mesma de nossa situação humana torna esse tipo de tensão e insatisfação quase inevitável. Pois, seja lá o que eu for, ou o que eu tenha, na própria natureza do caso está fadado a haver algo mais que eu não sou, ou que não tenho. E o que é mais, como um ser inteligente, mal posso evitar dar-me conta de que em ser ou ter alguma coisa há incontáveis outras coisas que na própria natureza do caso eu devo me haver sem elas.

Não surpreende, então, que sendo essa nossa a condição humana, nossas escolhas nunca serão absolutamente determinadas por nenhuma opinião quanto ao que é melhor ou pior para nós próprios. Pois, mal um rumo de ação parece ser o melhor aberto diante de nós, as limitações desse rumo começam a se inculcar em nós: se seguimos esse rumo particular, não seremos capazes de fazer certas outras coisas que começaram a parecer atraentes — seremos privados disso, impedidos daquilo, desviados de alguma outra coisa. Sob o bombardeio dessas considerações, nosso julgamento original quanto ao que era melhor para nós pode mudar completamente; alguma outra coisa pode começar a parecer mais do nosso gosto.

Além do mais, a ironia é que essa liberdade de julgamento, ou liberdade de vontade, funciona até com respeito àquelas coisas que realmente são melhores para nós, e não só com respeito àquelas que apenas parecem ser assim. Por exemplo, no que concerne à própria vida examinada, não faz diferença o quão claramente eu possa reconhecer seus méritos superiores, ou o quanto eu possa estar convencido de que é a única vida para mim, continua sendo um modo de vida que é certamente limitado quando comparado com o padrão abstrato do bem infinito. Em conseqüência, meu julgamento de que é a melhor vida para mim, por mais verdade que isso possa ser, ainda não é um julgamento necessariamente determinado. Dificilmente posso deixar de reconhecer que, a fim de ser um Sócrates, digamos, terei de abrir mão de um monte de coisas que podem me ser muito caras — confortos e luxos, ou situação e posição, ou riqueza, ou até mesmo minha carreira como acadêmico, ou general, ou diplomata, ou cientista. Eu posso até ter de tomar a cicuta! Quando a realização desses sacrifícios me é imposta, dificilmente alguém se surpreenderia se eu começasse a achar que a vida examinada, afinal de contas, não tinha realmente tanto assim a recomendá-la — apesar de que, na verdade, pudesse continuar sendo a melhor para mim e, de fato, para qualquer homem.

Estamos agora em posição de discernir o real significado dessas noções de livre arbítrio e livres julgamentos. Livre julgamento não significa mais do que, em questões pertinentes ao que tem valor para nós e o que é melhor para nós fazermos, nosso julgamento nunca é necessariamente determinado somente por alguma opinião única. Mesmo que nossa opinião seja uma opinião correta, e soubéssemos que é correta, essa opinião ainda não determina necessariamente nosso rumo de ação. Pois, comparada com a noção abstrata de um bem absoluto ou infinito, qualquer noção concreta do que é bom para nós aqui e agora inevitavelmente parecerá restrita. Donde, quando consideramos tudo que não estaremos conseguindo, tudo de que estaremos abrindo mão e que estaremos sacrificando se agirmos conforme nosso atual julgamento, não é de surpreender que nosso próprio julgamento possa mudar e que o que anteriormente parecia tão atraente e valer tanto a pena possa agora parecer menos assim.

B. LIVRES JULGAMENTOS E LIVRES ESCOLHAS

Não obstante, essa noção de "livre julgamento" não pode ser corretamente entendida, salvo em estreita ligação com a noção correlata de "livre arbítrio" ou "livre escolha". Sem dúvida, um julgamento, embora seja um juízo de valor, é, não obstante, um julgamento correto. Isto é, em qualquer juízo de valor, nós em um certo sentido julgamos que alguma coisa é o caso, *e. g.*, que uma certa linha de ação é, nas circunstâncias, a melhor a seguir. E, sendo um julgamento, este será ou verdadeiro ou falso. Ao mesmo tempo, esse é o tipo de julgamento que só pode ser uma verdade contingente, não uma verdade necessária: é algo que, embora seja verdade, concebivelmente poderia não o ser. Por exemplo, suponham que eu declaro: "A esta hora, dez e meia da noite, deste dia, 24 de março de 1962, estou sentado à minha mesa, escrevendo." Essa afirmação é de fato verdadeira; e no entanto é perfeitamente concebível que possa não o ser: em vez de estar à minha mesa, eu poderia, ai de mim, estar na cama, em sono profundo, ou tomando um copo de cerveja com um amigo, ou lendo um bom livro.

Nesse sentido, um juízo comum de valor é não mais do que verdade contingente: pode ser verdade, mas não precisa ser. Não obstante, ao se considerar esses juízos de valores como sendo livres julgamentos, quer-se dizer mais do que meramente que eles são contingentes. Pois, além de serem contingentes, esses juízos de valor são instruções ou ordens implícitas – ordens que damos a nós mesmos de escolhermos agir de acordo com o que julgamos ser o melhor rumo. Não obstante, uma vez que como seres humanos dificilmente podemos evitar medir nossos julgamentos de valor contra um padrão extremo e abstrato de bem infinito e valor absoluto, e uma vez que essa comparação sempre revela o caráter limitado e restritivo do valor que nos está sendo recomendado, é inevitável que a diretiva ou ordem implícitas envolvidas em nosso julgamento não nos levarão necessariamente a agir. Ao contrário, temos sempre a liberdade de escolher não agir. Em outras palavras, a "liberdade" desse juízo de valor deve ser entendida com referência à liberdade de escolha que esse julgamento torna, por assim dizer, indeterminada e desnecessária.

Mas, além disso, a liberdade envolvida no livre arbítrio e na livre escolha também deve ser entendida com referência a uma certa liberdade que está envolvida no que chamamos de um livre julgamento com respeito a valores. Como já vimos em nossa discussão de Platão, uma escolha só pode ser daquilo que nos parece melhor no momento. Nesse sentido, qualquer escolha humana sempre pressupõe um juízo de valor como uma espécie de guia ou diretiva. Quando dizemos que qualquer um de nossos julgamentos de valor finitos e humanos nos deixa livres para escolhermos de outra forma, isso só pode significar que outros julgamentos de valor alternativos devem estar prontos à mão, e de acordo com os quais possamos fazer uma escolha diferente. Não somente isso, mas nossa insatisfação mesma, com os valores limitados e restritos que nos estão sendo recomendados, cria uma procura por diretivas novas e diferentes, i. e., por julgamentos de valor outros e alternativos. É por isso que, sugeriríamos, nossos próprios julgamentos parecem ser não tanto determinados pelos fatos quanto instigados por nossas necessidades e carências. Nesse sentido, eles parecem ser livres e estar à nossa disposição. E, assim, deveríamos ser capazes de entender um pouco mais claramente o que se quer dizer com liberdade humana. Em contraste com todas as outras instâncias de apetite, impulso, tendência, tropismo etc., tal como ocorrem por todo o resto da natureza, os valores que instigam nossas escolhas e preferências distintamente humanas nunca são singularmente determinantes. No entanto, sendo sujeitos a comparação com um padrão de valor absoluto, esses valores sempre nos deixam livres para escolher alguma outra coisa; isto é, achamo-nos, com respeito aos objetos de nossas vontades e desejos, sempre pegos em uma interação de livre julgamento e livre escolha do tipo que acabamos de descrever.

Mas, evidentemente, onde existe liberdade existe responsabilidade. De fato, esse é o sentido daquelas locuções e volteios de fraseado que são a moeda corrente de nossas vidas cotidianas e que nenhum volume de sofisticação filosófica pode algum dia nos permitir dispensar: "Escolhi fazer isso, mas não era obrigado, podia ter escolhido diferente"; "resolvi-me por esse rumo de ação porque, na ocasião, foi o que pareceu melhor para mim; se ao menos eu houvesse parado para pensar, teria percebido que bobagem a coisa toda era" etc.

Mas geralmente, no entanto, onde essa questão da responsabilidade humana se inculca em nós, e às vezes, até, nos subjuga, é em relação com a vida boa como um todo. Aquilo em que a perfeição humana consiste, o que a autêntica felicidade humana envolve, é em certo sentido determinado pela própria natureza humana; mas não é em absoluto determinado vivermos efetivamente desse modo. Ao contrário, nós próprios devemos escolher fazê-lo. Além do mais, devemos escolher esse modo de vida diante do fato de que, em comparação com um bem absoluto, ele pode parecer efetivamente limitado e falto em todos os tipos de coisas que poderíamos desejar. Mas continua sendo a melhor vida para nós. Somos todos capazes de reconhecer isso; de fato, todos nós, em certo sentido, o reconhecemos. No entanto, quão poucos de nós buscam seriamente atingi-la, para não falar efetivamente conseguir fazê-lo. Eis aqui onde pareceremos ser inescusáveis. Não é por causa de ignorância que fracassamos, em última análise, é porque não escolhemos quando podíamos escolher. Nesse sentido, não existe alguém ou coisa alguma que possamos em última análise considerar responsáveis por esse fracasso, salvo apenas nós próprios.

Henry B. Veatch

CAPÍTULO VI

Má sorte e a força das circunstâncias como as causas do fracasso

I. MAS COMO PODEMOS SER CULPADOS SE NÃO SOMOS NÓS QUE FAZEMOS DE NÓS O QUE SOMOS?

Mas toda essa conversa de como nossas más escolhas ou o fato de não termos melhor conhecimento poderem ser as causas de nosso fracasso e infelicidade – isso tudo não é totalmente fora de propósito e não vem ao caso? Sem dúvida, poucos de nós somos autenticamente felizes, e muitos de nós não fazemos de nossas vidas um grande sucesso. Mas isso não é por causa das inúmeras circunstâncias adversas que perseguem qualquer ser humano no decurso de sua vida – todos nós durante algum tempo e alguns de nós o tempo todo? Essas circunstâncias não são de nossa própria escolha e certamente não de nossa própria criação. Simplesmente nos achamos perseguidos e tragados por elas, e não há nada que se possa fazer a respeito. Um ser humano não pode levar sua vida em um tubo de ensaio – e, mesmo que pudesse, sua condição não seria de sua própria criação, mas uma condição que foi feita para ele. Todos nós, assim que começamos a refletir e a examinar nossas vidas, nos encontramos já mergulhados *in medias res*. Coisas, pessoas, influências, circunstâncias, meio ambiente, condições de vida, hereditariedade e mil e um outros fatores já fizeram de nós o que somos.

E o que é mais, nossa analogia anterior entre a vida do homem e a vida de uma bolota de carvalho reforça o argumento de que nosso chamado sucesso ou fracasso na vida não é, rigorosamente falando, nossa própria criação, e sim algo que é feito para nós, ou melhor, a nós. Ninguém considera a bolota "responsável" ou por ter sucesso ou fracassar em se transformar em um carvalho. Se as condições forem certas, a bolota se desenvolverá e amadurecerá automaticamente; e se não, não. Do mesmo modo, poder-se-ia afirmar, se existe esse negócio de natureza humana, que predispõe todo homem a se desenvolver rumo à perfeição, se um dado indivíduo efetivamente atinge essa perfeição é algo que não vai depender dele, mas das circunstâncias. O alcance dessa perfeição pode depender de ter o conhecimento certo e fazer as escolhas certas, mas, dadas circunstâncias de vida favoráveis, esse conhecimento e essas escolhas se apresentarão automaticamente; se as circunstâncias forem desfavoráveis, não acontecerá. Em última análise, o sucesso ou fracasso humanos parecem ser pouco mais do que uma questão de boa ou má sorte, pelo que nós próprios não podemos ser considerados responsáveis.

2. A QUESTÃO DO DETERMINISMO CIENTÍFICO — UMA PISTA FALSA DA ÉTICA?

Em confirmação do ponto de vista de que não existe esse negócio de responsabilidade moral pessoal por suas ações, uma pessoa precisa apenas passar de um contexto de bom senso para a perspectiva da ciência contemporânea. Falando de um modo geral, na psicologia e sociologia modernas, para não falar de fisiologia e biologia, noções como "livre arbítrio" e "responsabilidade pessoal" não são absolutamente empregadas; elas não fazem sentido no contexto de uma explicação científica. Nem isso é de surpreender. Pois se por um lado os esquemas mais antigos de um determinismo rigoroso, mecanicista, podem não ser compatíveis com muitos dos recentes progressos em física quântica, ainda não temos justificativa por reintroduzir conceitos como "liberdade" e "responsabilidade moral" no domínio científico.

Ao contrário, o esquema básico de explicação que continua a ser quase exclusivo de todas as diferentes ciências no mundo contemporâneo é com simples mecanismos de correlação funcional. Eventos ou fenômenos do tipo A se correlacionam com certos outros eventos do tipo B, de forma que a ocorrência de um A é tida como sendo simplesmente uma função de B. Por exemplo, o esquema estímulo-reação na psicologia moderna funciona deste modo: a reação do organismo é tratada como uma mera função do estímulo, mais um certo estado inicial do organismo no momento do estímulo. No contexto de um esquema de explicação como esse, não parece haver a menor necessidade do tipo de explicação mais habitual e de bom senso, o tipo "antropomórfico", de acordo com o qual um animal ou ser humano vê ou reconhece alguma coisa como tendo valor e em conseqüência passa a querê-la e escolhê-la.

Com sua habitual clareza, Bertrand Russell explica como podemos transplantar ou nos transpor nós mesmos do nosso modo cotidiano e de bom senso de encarar as coisas para a perspectiva científica da psicologia moderna:

> Nós todos achamos que, observando o comportamento dos animais, podemos descobrir mais ou menos o que eles desejam. Se esse for o caso – e concordo plenamente que seja –, o desejo deve ser capaz de ser exposto em ações, pois são só as ações dos animais que podemos observar. Eles *podem* ter mentes em que ocorram todos os tipos de coisas, mas não podemos saber nada de suas mentes, exceto por meio de inferências de suas ações; e quanto mais essas inferências são examinadas, mais dúbias elas parecem. Dá a impressão, portanto, de que somente as ações devem ser o teste dos desejos dos animais. Daqui é um passo fácil até a conclusão de que o desejo de um animal é nada além de uma característica de uma certa série de ações, a saber, aquelas que seriam comumente encaradas como inspiradas pelo desejo em questão. E quando for demonstrado que essa visão proporciona uma explicação satisfatória dos desejos animais, não é difícil ver que a mesma explicação é aplicável aos desejos dos seres humanos.
> Julgamos facilmente, pelo comportamento de um animal de uma espécie familiar, se ele está com fome ou com sede, contente ou descontente, ou curioso, ou aterrorizado. A verificação de nosso julgamento, na medida em que uma verificação é possível, deve ser derivada das ações imediatamente sucessivas do animal. A maioria das pessoas diria que elas inferem primeiro algo sobre o estado de ânimo do animal – se ele está com fome, ou com sede e assim por diante – e daí derivam suas expectativas quanto à sua conduta subseqüente. Mas essa digressão pela suposta mente do animal é totalmente desnecessária. Podemos dizer simplesmente: o comportamento do animal durante o último minuto teve aquelas características que distinguem o que se chama "fome", e é provável que suas ações durante o próximo minuto serão semelhantes nesse respeito, a não ser que ele encontre comida, ou seja interrompido por um impulso mais forte, como o medo. Um animal que está faminto fica inquieto, vai para os lugares onde costuma encontrar comida, fareja ou fica olhando ou de alguma outra

forma aumenta a sensibilidade de seus órgãos sensoriais; assim que ele se acha perto de comida o suficiente para seus órgãos dos sentidos serem atingidos, parte para lá a toda velocidade e passa a comer; após o que, se a quantidade de comida foi suficiente, sua atitude inteira muda: ele pode muito provavelmente deitar-se e dormir. Essas coisas e outras como elas são fenômenos observáveis que distinguem um animal faminto de um que não está com fome. A marca característica pela qual reconhecemos uma série de ações que demonstram fome não é o estado mental do animal, que não podemos observar, mas alguma coisa em seu comportamento corporal; é esse traço observável no comportamento corporal que estou propondo chamar de "fome", e não algum ingrediente possivelmente mítico e certamente incognoscível da mente do animal.[1]

Para nossos propósitos atuais, podíamos destacar uma sentença em particular desta citação de Russell: "E quando for demonstrado que essa visão proporciona uma explicação satisfatória dos desejos animais, não é difícil ver que a mesma explicação é aplicável aos desejos dos seres humanos." De fato, é exatamente esse tipo de explicação que os psicólogos modernos empregam com referência ao comportamento humano; e é proveitosamente empregado, pois com base em um esquema assim o comportamento de seres humanos, tanto individualmente quanto em grupos, pode ser previsto com notável sucesso.

Esse modo de explicação e previsão permite ao psicólogo prescindir inteiramente da parafernália inteira que estivemos usando até agora em nossa discussão da conduta moral humana, isto é, as noções de entendimento humano e de escolha humana com base nesse entendimento, em outras palavras, de virtude intelectual e de

---

[1] Bertrand Russell, *The Analysis of Mind*, Londres e Nova York: Macmillan Co., 1921, pp. 61-63.

virtude moral. As implicações desse behaviorismo (ou determinismo) científico para questões de responsabilidade humana são perfeitamente claras. Em uma visão dessas, não existe esse negócio de responsabilidade humana, pois essas idéias são desnecessárias e irrelevantes para a explicação do comportamento humano.

Há aqui um paralelo interessante com a teoria de Platão de que virtude é meramente uma questão de conhecimento, e vício, de ignorância. Na visão platônica, se um homem sabe o que é melhor para si, fará automaticamente o que lhe for melhor; se não sabe, não o fará. Ele próprio não tem controle sobre se possui ou não esse conhecimento. Semelhantemente, na visão científica determinista da natureza humana, dado um certo estímulo, pode-se prever que um organismo reagirá de um certo modo. O próprio organismo não tem controle sobre o modo como responde a estímulos, ou sobre que estímulos lhe são apresentados. Em nenhuma dessas visões um indivíduo pode ser considerado responsável por seu próprio comportamento, uma vez que em nenhum dos dois casos o indivíduo pode exercer qualquer influência sobre suas próprias ações ou sequer sobre suas próprias escolhas.

Mas se ética é uma coisa que não existe, deve existir esse negócio de responsabilidade pessoal. E se deve haver responsabilidade pessoal, então deve-se sustentar as alegações de algo como livre escolha como uma causa do comportamento humano, contra a alegação platônica de que o conhecimento é a determinante exclusiva desse comportamento e contra a alegação dos deterministas de que fatores externos são as únicas causas.

Ao empreender uma refutação do determinismo, podíamos muito bem começar citando o Dr. Johnson: "Senhor, toda teoria é contra a liberdade do arbítrio; toda experiência é a favor dela."[2] Por mais irritado que se possa ficar com o dogmatismo de Johnson, fica-se impressionado com seu apelo à experiência. Pois o determinismo científico é, afinal de contas, apenas o produto de uma teoria filosófica que é controvertida quase a cada passo por nossa própria experiência humana cotidiana, pouco sofisticada, mas inescapável. Podemos até sugerir que determinismo é o tipo de coisa que é defensável só em teoria, mas não na prática.

Nem essa afirmação se baseia simplesmente no fato de que em nossa experiência cotidiana nós de fato parecemos ser livres, pensamos e sentimos como se tivéssemos liberdade de escolha, por mais convencidos que possamos ter ficado intelectualmente de que nosso comportamento é completamente determinado por forças fora do nosso controle. Além disso, sugeriríamos que o determinismo só com dificuldade pode evitar cair no tipo de inconsistência prática que não é diferente da inconsistência de que achamos o relativista culpado. Para ver como deve ser assim, vamos tentar nos projetar em imaginação para o interior da experiência de um homem que é determinista por convicção.

Um homem assim deve estar convencido de que as ações e o comportamento humanos não procedem de coisa alguma como conhecimento e entendimento, nem de escolhas baseadas nesse conhecimento. Mas e quanto às escolhas dele próprio? Conforme vimos, qualquer escolha humana implica necessariamente algum juízo de valor, algum juízo no sentido de que uma linha de ação é preferível a uma outra. Mas quando se é um determinista,

---

[2] Citado em Paul Elmer More, *The Sceptical Approach to Religion*, Princeton, N. J.: Princeton University Press, 1934, p. 27.

que implicações seu determinismo terá para seus próprios juízos de valor?

Seja lá como o determinismo possa responder a essa pergunta, ele não pode evitar ser incoerente com seus próprios princípios. Pois, quaisquer que possam ser as implicações do determinismo com respeito a nossos juízos de valor, o próprio fato de que ao menos se reconhece que o determinismo tem essas implicações é suficiente para refutar esse determinismo. Não vimos que é uma parte do que se quer dizer com determinismo supor que nossa conduta e comportamento não procedem de nada como conhecimento ou opiniões sobre nossa situação humana, nem de escolhas baseadas nessas opiniões? E, no entanto, se nossos juízos de valor são de alguma forma influenciados por nossas convicções deterministas, no sentido de que aqueles tendem a ser ou frustrados ou confirmados, ou pelo menos de algum modo influenciados por esses, então pareceria que de fato fazemos escolhas baseadas em juízos de valor, os quais, por sua vez, são baseados nesses conhecimentos e opiniões que tenhamos com respeito a nós próprios e ao mundo à nossa volta.

Por outro lado, se o determinista, querendo fugir dessas conseqüências, volta-se para a alternativa de supor que suas teorias e convicções deterministas não têm absolutamente nenhum efeito sobre seus juízos de valor, então ele deve achar-se em uma posição ainda menos defensável. Pois como pode um homem estar convencido de alguma coisa sem ser crítico, ou talvez até olhar para eles com desdém, daqueles que não estão tão convencidos ou que são de uma opinião contrária? Na verdade, o psicólogo behaviorista — para escolhê-lo à guisa de exemplo — não é notório por sua falta de confiança em que está certo. De fato, estar firmemente convencido de alguma coisa é inevitavelmente adotar um modo de comportamento o qual implica achar seus oponentes equivocados, quando não uns tolos.

Em outras palavras, na medida em que respeita à própria pessoa, e a seu próprio comportamento, não há como qualquer homem — até mesmo um determinista — poder isolar totalmente suas escolhas e preferências pessoais de suas convicções quanto ao que elas devem ser. É verdade que quando um cientista, ou um psicólogo, ou um antiquado determinista em filosofia, olha para seu vizinho, ou seus colegas acadêmicos, ou sua própria esposa e filho, poderia sempre tratá-los como se eles fossem apenas uns de muitos marionetes ou autômatos que ele, o especialista, pode manipular e condicionar, tal como se faz com macacos, ratos e porquinhos-da-índia. Mas que ele se enquadre sob os mesmos princípios deterministas que aplica a outros — isso, sugeriríamos, é simplesmente impossível sem cair na mais gritante incoerência prática.

3. A força das circunstâncias: ela nos determina ou só nos desafia?

Por mais fácil que possa ser expor as incoerências de variadas teorias de determinismo, dificilmente podemos ignorar os fatos da vida tão completamente a ponto de não reconhecermos que há incontáveis fatores determinantes em funcionamento para fazer de nós o que somos, e fazer-nos felizes ou infelizes. De fato, pode-se ser tentado a reviver mais uma vez a idéia que já tentamos deixar de lado, a idéia de que moralidade, ou levar sua vida bem e com sucesso, não é senão uma questão de arte, ou engenho e esperteza, de mera virtude intelectual.

Se supusermos que viver bem é só uma questão de possuir certas oportunidades favoráveis, mais a argúcia de aproveitá-las, então a coisa toda é bastante uma questão de sorte. Se eu houvesse morrido na infância, dificilmente se poderia dizer que eu tive oportunidade suficiente para atingir minha perfeição humana natural. Ou se eu houvesse sobrevivido, mas com o QI de um imbecil, não se poderia tampouco esperar que eu realizasse muita coisa no campo da perfeição humana. Não podemos duvidar de que as circunstâncias da vida humana variam enormemente, indo das mais favoráveis às mais desfavoráveis. Não infreqüentemente, elas são de forma a tornar a perfeição qualquer coisa parecida com o sentido em que a definimos simplesmente impossível; mas por essas circunstâncias nós próprios não podemos ser considerados responsáveis.

Não obstante, para a maior parte de nós, a maior parte do tempo, nossas adversidades e má sorte não são de forma a nos deixar completamente sem recursos. Nem esses recursos são exclusivamente uma questão intelectual. Muito ao contrário. Suponham que eu seja jogado na prisão, ou suponham que eu de repente perca minha independência financeira e me veja reduzido à mais grave penúria e carência. Sob essas circunstâncias algumas pessoas, sem dúvida, poderiam se comportar muito mais inteligentemente do que eu: poderiam calcular meios de fugir da prisão, ou poderiam conceber algum modo engenhoso de recompor suas perdas financeiras. Mas esse tipo de engenhosidade intelectual não é de importância básica em um contexto moral. Do ponto de vista moral, o importante não é se eu sou astuto o suficiente para evitar certos infortúnios ou para me desembaraçar deles uma vez que me tenham acontecido, mas se tenho caráter (virtude moral) suficiente para suportá-los do modo como um homem bom ou sábio os suportaria. Pois prisão e ruína financeira são infortúnios que podem ser levados ou nobre ou ignobilmente. De que modo, então, eu os levaria?

Mais geralmente, não muito da adversidade que aflige os seres humanos é de tipo a nos deixar com considerável escolha quanto a como reagiremos e nos adaptaremos a ela — pacientemente ou como crianças mimadas; como "bons sujeitos" ou como maus sujeitos; corajosa ou ignominiosamente; conservando nosso senso de justiça e equilíbrio ou entregando-nos à mesquinhez e vindicatividade? E o que sucede no infortúnio é igualmente válido no que respeita à boa fortuna. Poucos de nós somos filósofos tão consumados que não gostássemos de acordar uma bela manhã para descobrir que havíamos herdado um milhão de dólares. Mas temos certeza de que não deixaríamos semelhante boa sorte nos subir à cabeça? Como sabemos que, longe de nos comportarmos sábia e inteligentemente, poderíamos mostrar sermos apenas um tolo tão grande quanto qualquer um?

É claro que dificilmente é provável que essas reflexões filosóficas sombrias dissuadissem muitos de nós a de vez em quando sonhar com o que poderíamos fazer "com um pouquinho, com um pouquinho, só um pouquinho de boa sorte". Nem há nenhum motivo para que devêssemos; pois qual é o problema em ter um pouquinho de sorte? Absolutamente nenhum. Mas o importante é como recebemos nosso infortúnio ou boa fortuna. É isso que determina se nos saímos bem ou não, e não a boa fortuna ou o infortúnio em si mesmos.

Em outras palavras, na medida em que as circunstâncias de nossas vidas e as mudanças e acasos da fortuna nos deixarem com pelo menos alguma liberdade de escolha ou de julgamento quanto a como agiremos diante do que nos sucedeu, então nosso destino como homens sábios ou como tolos estará amplamente em nossas próprias mãos. Nosso sucesso ou fracasso não se deverão simplesmente à força das circunstâncias, mas ao nosso próprio caráter e a nosso próprio exercício da virtude moral.

4. O problema moral transposto para um contexto legal, à guisa de ilustração

Para que tudo isso não pareça um pouco forçado e implausível, vamos mais uma vez fazer passar a discussão para o contexto do direito penal. Assim como antes, com respeito à questão de nossa responsabilidade pela ignorância, assim agora, com respeito à questão de em que medida a mera força das circunstâncias determina nosso bem-estar, pode mostrar-se instrutivo considerar como os princípios que estão em ação no direito penal são análogos, e daí ilustram, aos princípios que são relevantes na esfera da moral e da ética. No direito penal, a questão é habitualmente uma questão razoavelmente direta da responsabilidade de um homem por infligir certos danos legalmente definidos; mais especificamente, no presente contexto, seria a questão da responsabilidade de uma pessoa por danos que ela infligiu quando, na verdade, foi de algum modo coagida a fazer o que fez.

Em uma dada instância, se poderia demonstrar que o acusado foi realmente forçado a fazer algo, no sentido de que ele, muito literalmente, não tinha absolutamente nenhuma escolha senão fazê-lo, então claramente, aos olhos da lei, ele não seria considerado responsável por sua ação. Por exemplo, se apesar de minha violenta resistência um grupo de rufiões me dominasse, forçassem uma arma em minha mão e então movessem meu dedo de modo a apertar o gatilho e fazer a arma disparar, eu não poderia ser considerado responsável por quaisquer danos que o tiro pudesse ter causado a qualquer outra pessoa.

Não obstante, a maioria dos casos envolvendo necessidade ou compulsão não é tão bem definida assim. Se fossem, provavelmente nunca teriam sequer sido indiciados. A situação mais habitual é aquela em que o agente é submetido a pressões que estão além de seu controle mas diante das quais ele ainda é deixado com certas alternativas quanto a como reagirá em face dessas circunstâncias. Por exemplo, considerem a seguinte exposição sumária de uma variedade de casos particulares, citados de um manual de uma destacada autoridade contemporânea em direito penal:

> Assim, se um navio é lançado à costa por uma tempestade, sua entrada não é ilegal; donde um passageiro a bordo, deportado do país, não é culpado de retorno ilegal, nesse caso. Assim, também quanto a deixar de estar presente a um lugar e hora exigidos (*e. g.*, um jurado, testemunha, ou soldado de licença) por causa de uma enchente ou de uma ponte destruída, ou qualquer outra força física que torne a locomoção impossível. Se um jurado ou testemunha foi feito prisioneiro, o fato de que um agenciamento humano criou barreiras não faz desses casos instâncias menores de causa, no que concerne às pessoas acima, *e. g.*, o dono de um café cujo estabelecimento ficou aberto além da hora obrigatória de fechamento porque teve mãos e pés amarrados por alguns fregueses. Assim, também, uma mulher casada que foi estuprada não cometeu adultério, segundo Ulpiano. Quando os sinais

de trânsito são apagados por uma tempestade elétrica, isso não constitui uma violação da obrigação municipal de tê-los instalados. Mas um banhista cujas roupas foram roubadas não pode alegar necessidade física diante de uma acusação de nudismo, uma vez que ele tinha a alternativa de ficar dentro d'água até ser socorrido.[3]

A solenidade com que esses casos são expostos pode ser divertida, mas o princípio que parece prevalecer nessas graves decisões judiciais com respeito a banhistas pelados, matronas violentadas e botequins assaltados não é diferente do princípio que presumivelmente prevaleceria em casos de julgamentos morais ou éticos comparáveis.

A questão relevante é sempre, primeiro, se as circunstâncias foram de molde a deixar ao agente alguma escolha e, segundo, se, admitindo-se que ele tinha de fato uma certa escolha, ele fez a escolha que se esperaria que um homem razoável, ou um homem moralmente bom, fizesse nessas circunstâncias.

Para tomar um outro exemplo clássico do direito, e quanto a atirar ao mar a carga de um navio a fim de salvar a vida dos passageiros? Obviamente, para um oficial de bordo, atirar uma carga ao mar, quando não havia necessidade de fazê-lo, seria uma ação criminosa. Por outro lado, quando no caso de uma grave tempestade no mar tornou-se realmente necessário alijar a carga ao mar, exatamente o que "necessário" quer dizer aqui? Claramente, não é uma necessidade absoluta: o oficial sempre poderia escolher não atirar a carga ao mar; mas, se houvesse escolhido isso, teria posto em

---

[3] Jerome Hall, *General Principles of Criminal Law*, Indianapolis: Bobbs-Merrill Co., 1947, pp. 386-87.

perigo todo o navio e a vida da tripulação e os passageiros. Em outras palavras, o que está envolvido aqui não é o tipo de necessidade que exclui por completo a escolha humana, mas sim o tipo de necessidade que entra em jogo quando temos de escolher entre o menor de dois males.

Conforme diriam os moralistas mais antigos, ações do tipo aqui sob consideração são "ações sortidas", ou mistas, i. e., ações que decidimos realizar, mas que escolhemos não porque as preferimos em si mesmas, mas porque nenhuma alternativa melhor parece se abrir para nós. Além do mais, na medida em que alguma escolha que seja está aberta para nós, então pareceria que, se feita em um contexto moral ou meramente em um contexto legal, a nossa é uma escolha pela qual podemos ser adequadamente considerados responsáveis.

5. Mais uma vez de volta do direito à ética

Mais uma vez, vamos ver como esse princípio funciona em termos de uma situação legal ou moral específica. Citando de novo a mesma autoridade jurídica:

> A principal decisão, neste país, em defesa de necessidade, é EUA *vs.* Holmes. O caso é especialmente significativo porque não é superado em seu caráter sugestivo da qualidade da ação tomada em "estados de necessidade".
> Em março de 1841, o navio norte-americano *William Brown* zarpou de Liverpool levando uma tripulação de dezessete homens e sessenta e cinco emigrantes destinados aos Estados Unidos. Em 19 de abril, após trinta e oito dias no mar, colidiu com um *iceberg* tarde da noite e começou a fazer água rapidamente. Trinta e dois passageiros, o contramestre e oito marinheiros entraram em um escaler do tipo "bote maior"; o capitão, oito marinhei-

ros e um passageiro tomaram o escaler conhecido como "bote menor". Em pouco mais de uma hora o *William Brown* afundou, carregando consigo trinta e um passageiros, a maioria deles crianças. "Mas nenhum dos oficiais ou tripulantes afundou com o navio." Os dois salva-vidas se separaram na manhã seguinte, quando ficou evidente que o bote maior seria impraticável; na verdade, o contramestre já havia informado ao capitão que "seria necessário jogar a sorte e atirar alguém na água". "Que isso seja em último recurso", disse o capitão, ordenando à sua tripulação que partisse. Quase imediatamente após ser ocupado, o bote maior começou a fazer água por um buraco tampado cujo tampão havia afrouxado. O bote estava tão apinhado que os passageiros amontoavam-se uns sobre os outros; não havia espaço suficiente para baldear a água com a rapidez necessária. Durante vinte e quatro horas eles seguiram nas águas geladas ao largo da costa do Labrador. Então começou a chover, e choveu durante todo o dia seguinte, e à noite o mar ficou muito bravio, com o vento mais forte do que nunca. Os homens baldeavam água furiosamente, mas o bote parecia condenado. Uma passageira, sentada em água até quase os joelhos, ouviu alguém gritar "estamos afundando", e disse "estamos todos perdidos". Outra pessoa gritou: "O tampão saiu. O bote está afundando. Deus tenha piedade de nossas pobres almas." O contramestre deu a ordem para que fossem jogados n'água todos os passageiros homens, exceto dois cujas esposas estavam presentes. Ignorado, ele repetiu a ordem; então, quatorze homens foram atirados n'água, e duas moças irmãs de um deles ou tiveram destino igual ou escolheram unir-se a seus irmãos. Na manhã seguinte, dois outros homens que haviam se escondido foram descobertos, e a tripulação atirou todos dois n'água. Quase imediatamente depois o bote maior foi avistado pelo *Crescent*; todos os sobreviventes foram transferidos para ele e posteriormente desembarcaram no Havre.[4]

Ao tentar determinar a responsabilidade moral ou legal do contramestre pela morte dos homens jogados n'água, o problema tor-

---

[4] *Ibid.*, pp. 391-92.

na-se basicamente o de estabelecer o tipo ou grau de "necessidade" sob o qual o contramestre agiu. O homem por certo poderia dizer em sua própria defesa, e outros poderiam dizer em favor dele, que o que ele fez foi "nada além daquilo que a inexorável necessidade exigia", que ele não queria causar a morte dos homens atirados n'água, mas que teve de fazê-lo, tendo as circunstâncias tornado isso necessário.

Reconhece-se imediatamente que não havia aqui nenhuma necessidade absoluta envolvida; foi só em conseqüência da decisão do próprio contramestre que os homens foram mandados para a morte, e ele poderia ter escolhido de outra forma. Foi assim uma daquelas "ações mistas", em que a ação procedeu da própria escolha do agente, ainda que uma escolha que não se recomendou a ele por si mesma, mas apenas como o menor de dois males. Não obstante, uma vez que foi uma ação que o agente de fato escolheu e por que se decidiu pessoalmente, foi uma ação pela qual ele próprio era responsável. De acordo com isso, deixando de lado a questão estritamente legal de culpa ou inocência e limitando nossa atenção somente à questão moral, o que dizer da escolha do contramestre em um caso desses? Foi a escolha certa? Foi uma escolha que um homem bom ou sábio teria tomado em circunstâncias semelhantes?

A julgar pelos detalhes um tanto insuficientes que constam do sumário do caso, dificilmente pareceria que o contramestre agiu de uma forma particularmente heróica ou até moralmente louvável. Existe até uma sugestão de que ele partilhava com o capitão a culpa por haverem eles próprios tomado os botes salva-vidas e tentado salvar a própria pele, mesmo considerando que muitos passageiros foram deixados a bordo e haviam afundado com o navio. Dificilmente se diria que as ações e decisões do contramestre refletiam qualquer demonstração muito notável de virtude moral – de coragem, de dignidade, de senso de responsabilidade, de grandeza de alma.

Não obstante, para nossos atuais propósitos, a pergunta mais interessante não é se o contramestre, sob aquelas circunstâncias, mostrou ser um homem de estatura moral um tanto questionável. Antes, sugiro que façamos a pergunta de modo um pouco diferente: suponham que perguntemos como um homem de inquestionável estatura moral teria agido nas mesmas circunstâncias. O que ele teria feito? Suponham que o próprio Sócrates estivesse na pele do contramestre, e suponham que ele houvesse feito sua escolha exercendo suas relevantes virtudes intelectuais e morais; qual teria sido sua decisão? Por estranho que pareça, sua decisão podia muito bem ter sido a mesma do contramestre.

É bastante concebível que um homem em completa posse de suas faculdades, sentindo plenamente suas responsabilidades na situação, nem por um momento pensando simplesmente em se salvar, mas estando totalmente pronto para sacrificar sua própria vida primeiro, se necessário fosse, pudesse não obstante decidir que nessas circunstâncias particulares o rumo certo para ele era sacrificar a vida de alguns dos passageiros primeiro. Ele poderia se dar conta de que apenas um marinheiro muito hábil poderia manter o bote maior ao menos à tona; que somente um oficial com autoridade suficiente poderia manter na linha os passageiros tresloucados, para não falar dos covardes e irresponsáveis membros da tripulação. Donde é rapidamente imaginável que, com relutância e sem dúvida até com muitas desconfianças, nosso Sócrates transformado em oficial de bordo podia ter chegado à mesma escolha que o muito desenxabido contramestre: tanto um quanto o outro poderia ter dado a ordem de que alguns passageiros fossem jogados n'água a fim de salvar a vida dos demais.

A. AFINAL, ESTAMOS ENTREGUES A UMA MERA ÉTICA DE BOAS INTENÇÕES?

Mas isso não indica um curioso paradoxo, talvez até uma fraqueza gritante, em toda a teoria ética que até agora vínhamos expondo? Se nosso hipotético Sócrates no papel de contramestre fizesse o que ele fez, exercendo suas virtudes morais, então, segundo o que dissemos, sua conduta seria moralmente correta e louvável. Por outro lado, o contramestre verdadeiro fazendo a mesma coisa, não por virtude de moral mas irresponsavelmente, e basicamente a fim de salvar a própria pele, em seu caso a mesmíssima conduta teria sido julgada ruim e repreensível. Não pareceria, então, que em nossa visão da ética não faz a menor diferença o que um homem faz; só o que conta é como ele o faz – i. e., em que espírito ele o faz e se o faz com boa vontade ou não? Em suma, a ética da vida examinada, da vida inteligente, acaba por ser não mais do que uma ética de boas intenções. Ou não é?

Antes de responder a essa pergunta, vamos considerar mais uma implicação do modo como vínhamos sugerindo que se avaliasse o valor moral de ações cometidas sob a chamada necessidade. Recorrendo mais uma vez ao naufrágio do *William Brown*, é concebível que nem todo homem bom, achando-se na pele do contramestre, teria resolvido fazer o que ele fez. Sócrates poderia ter resolvido atirar n'água alguns dos passageiros, mas também é concebível que ele poderia ter chegado a uma decisão muito diferente. Ele poderia ter raciocinado de algum modo como este: "É verdade que minha perícia e minha autoridade são provavelmente necessárias para manter o bote maior à tona; donde, se eu me sacrifico, é muito mais provável que os demais pereçam. Por outro lado, como oficial de bordo, é minha responsabilidade saber sacrificar meu próprio bem-estar ao dos passageiros e ao do navio como um todo; não somente isso, mas, como ser humano, percebo que não é o papel de um homem de coragem, para não dizer de um homem com um senso de sua própria dignidade e responsabilidade, tentar ajeitar as coisas de modo a que sua própria vida se salve, enquanto as dos outros são sacrificadas. E o que é mais, ainda que pudesse muito bem parecer, nesse caso particular, que o dever ordenasse a mesma linha de ação que aquela ditada pelo interesse próprio, ainda assim essa aparente coincidência entre o dever e o interesse pessoal deve ser sempre encarada com suspeita: é absolutamente provável que, em circunstâncias assim, o seu julgamento supostamente ponderado sobre qual é o seu dever seja provavelmente uma covarde justificativa racionalizada. Conseqüentemente, tudo considerado, parece que o melhor papel para mim seria eu me atirar n'água primeiro. Desse modo, posso garantir que fico com a ficha limpa; e, além disso, é possível que eu servisse de exemplo, estimulando-os e até inspirando-os a agir, superando seu pânico e agindo um pouco mais como seres humanos íntegros e sensatos."

Aceitando essa linha de raciocínio como correta e defensável, a conclusão tirada de nosso exemplo parece clara: dois homens bons moralmente, quando confrontados com as mesmas circunstâncias, podem bem resolver que a situação exigia tipos radicalmente diversos de conduta, e ambas as decisões seriam inteiramente justificadas e moralmente louváveis. Além do mais, essa conclusão tende a reforçar e confirmar a hipótese anterior que consideramos acima, ou seja, que em reação a uma dada situação a mesma linha de ação teria de ser considerada moralmente certa e louvável quando seguida por um homem bom, e não tanto quando seguida por um homem que não fosse bom. Em ambas as instâncias, parece que não é a própria ação que conta, mas apenas as intenções do agente. Em outras palavras, o que temos aqui de fato parece ser uma ética de boas intenções.

B. Mas a vida boa deve ser uma vida inteligente, e não apenas uma vida bem-intencionada

Mas não inteiramente, entretanto. É verdade que, se o objetivo de nossos esforços éticos é nada menos que o de alcançar uma vida examinada, então nosso interesse é julgar não a ação isolada, ou mesmo os efeitos dessa ação sobre outros e sobre a sociedade; antes, é o próprio ser humano que estamos tentando julgar.

"Oh", dirão vocês, "isso é só forçar a questão a recuar um passo. Pois o que faz de um homem bom, na teoria aqui exposta, se não for simplesmente ele ser bem-intencionado?" Não é o que ele faz que conta, tanto quanto a qualidade de suas escolhas. Não é nem mesmo o que o homem sabe que parece contar. Pois em última análise a qualidade de suas escolhas é determinada não tanto pela astúcia que ele demonstra ao tomá-las quanto pela virtude moral que ele exerce. Isso desmente a idéia toda de a vida boa ser a vida inteligente? A inteligência parece ser amplamente irrelevante: você pode ser um idiota perfeito mas, na medida em que sua intenção era boa, você teria pelo menos o direito à distinção de ser bom, seja lá o que isso lhe garanta!"

A crítica não funciona, no entanto, devido à sua equação de virtude moral com meras boas intenções. Pois, como já vimos, virtude moral não é algo que funcione independentemente de conhecimento e inteligência; ao contrário, as virtudes morais não são senão hábitos ou disposições de escolher de acordo com nossa inteligência e nosso melhor julgamento. E, no entanto, o tipo de julgamento que é relevante aqui não é um julgamento sobre como vencer batalhas, evitar depressões, aposentar-se cedo e ter vida mais longa. É o tipo de julgamento inteligente que se interessa simplesmente pela própria pessoa e pelo que é preciso para ser autenticamente humano. Sem esse conhecimento, nem todas as boas intenções do mundo servirão para fazer das ações de uma pessoa as ações de um homem bom. E com esse entendimento ainda se necessita das chamadas virtudes morais, a fim de que ele efetivamente deseje e venha a escolher aquelas ações que são obrigatórias em uma vida inteligente, examinada.

Voltando ao tema principal desta seção, devia estar claro agora que não são os acasos da fortuna ou a força das circunstâncias que, em última análise, fazem com que nos saiamos melhor ou pior. Na medida em que os eventos que nos acontecem nos deixam com alguma escolha quanto a como reagiremos ao nosso destino, então temos a oportunidade de reagir ou do modo como um homem bom ou sábio reagiria, ou ao contrário. Assim, nosso bem-estar parece continuar bastante em nossas mãos e ser de nossa própria responsabilidade.

HENRY B. VEATCH

6. Uma dúvida final quanto à nossa liberdade e responsabilidade diante de circunstâncias adversas

Mesmo assim, não devemos nos deixar levar por nossa própria eloqüência sobre o tema da liberdade do homem diante de circunstâncias prementes e de sua responsabilidade por suas próprias decisões e escolhas. De fato, existe algo hipócrita, para não dizer farisaico, em toda a nossa discussão sobre a tragédia do *William Brown*. É bastante fácil ficar-se confortavelmente sentado em seu gabinete e escrever pomposa e judiciosamente sobre como o contramestre não conseguiu demonstrar a virtude moral exigida na situação em que ele se encontrava. Mas suponham que nós próprios estivéssemos no bote maior nas águas geladas do Atlântico, percebendo que o bote estava fazendo água mais depressa do que ela podia ser baldeada, ouvindo o clamor e os gritos dos passageiros desesperados, sabendo que as perspectivas de resgate eram tão mínimas ao ponto de serem quase inexistentes, exatamente como nos teríamos conduzido? Não é provável que tivéssemos sido, no máximo, ainda menos corajosos e menos heróicos que o contramestre? Como, então, podemos ser tão eloqüentes em nossa condenação dele? E tem algum significado dizer que o contramestre, rigorosamente falando, não era forçado a agir como agiu, que poderia ter se comportado de outra forma?

Da mesma maneira, poder-se-ia dizer que os soldados norte-americanos que foram capturados na Coréia e que se viram sujeitados a semanas e semanas de constante pressão, tortura e lavagem cerebral — poder-se-ia dizer, é claro, que esses homens não tinham de ceder, que podiam ter resistido às pressões exercidas sobre eles, e que eram, portanto, responsáveis por quaisquer fraquezas morais que qualquer um deles possa ter demonstrado no decorrer de sua provação. Ou, para mudar o exemplo, faz algum sentido dizer que uma pessoa criada em um regime totalitário e condicionada desde a infância a acreditar em todo aquele derramamento de propaganda partidária e a manifestar todo o ódio e fanatismo que essa propaganda tem o propósito de evocar – faz algum sentido dizer que essa pessoa não obstante continua livre para não se deixar levar por essas mentiras e que é portanto responsável por não haver tentado praticar uma vida mais examinada?

Certamente, advertências contra o farisaísmo e as atitudes de sou-melhor-que-você são inteiramente justificadas. Além do mais, há sempre um ponto em que as pressões externas se tornam tão prementes que sua vítima é deixada sem absolutamente nenhuma liberdade de escolha. Nosso exemplo disso é o homem que foi completamente dominado e literalmente forçado a puxar o gatilho de uma arma. Também se poderiam citar exemplos de onde se atingiu esse ponto, quando as pressões exercidas não eram meramente grosseiras pressões físicas, mas pressões psicológicas.

Pode ser difícil, se não impossível, determinar na prática exatamente quando esse ponto é atingido, no caso de um dado indivíduo. Donde não se pode nunca estar seguro de exatamente quando a liberdade de escolha de um homem, e portanto sua responsabilidade por suas ações, desaparece inteiramente. Não obstante, muito antes mesmo de um ponto desses ser atingido, é óbvio que as forças externas exercidas sobre um indivíduo podem tornar-se tão grandes que, mesmo considerando-se que, no sentido literal, se possa dizer que ele ainda tem alguma liberdade de escolha, para todos os fins práticos reconhecemos que as pressões sobre ele eram tão grandes que não podemos culpá-lo por agir como agiu dadas as circunstâncias.

Mesmo considerando porém que caridade e compreensão são sempre adequadas em nossa avaliação das insuficiências alheias, ao mesmo tempo é importante que nós mesmos não percamos de vista o fato de que, até ser atingido aquele ponto final do que poderia ser chamado de compulsão absoluta, a qualquer ser humano, nós mesmos, inclusive, ainda resta alguma pequena liberdade de escolha, e assim continua fundamentalmente um ser humano responsável. Esse simples fato pode ser fonte de não pouco constrangimento para nós; pode até ser uma fonte do que os existencialistas costumam chamar de inquietação e angústia. Pois é muito difícil mostrar-se à altura de uma responsabilidade dessas. E, no entanto, ao mesmo tempo, é a derradeira fonte de nossa dignidade como seres humanos e, portanto, de qualquer esperança que possamos nutrir para nós próprios e nosso futuro.

7. Ainda mais uma dúvida, desta vez quanto à felicidade: a vida boa é necessariamente a vida feliz?

E agora vamos a um último pormenor que pode ter parecido particularmente implausível e irrealista na exposição precedente da independência comparativa das mudanças e acasos da fortuna do homem. Afirmamos que, não importa o que aconteça a um homem, na medida em que lhe reste qualquer liberdade de escolha que seja, ele continuará a ter a opção de reagir a seu destino do modo como um homem sábio e inteligente reagiria, não se lamuriando e se queixando, não com subserviência e covardia, não com autopiedade e ressentimento, não com explosões e fanfarronice, mas com firmeza, paciência e dignidade.

Admitindo-se tudo isso, o que isso tem a ver com felicidade? Pois lembrem-se, toda a nossa justificativa da vida boa ou da vida examinada consistia no fato de que essa, para um ser humano, é a vida feliz. Ainda assim, considerando os incrivelmente variados, atemorizantes e imprevisíveis infortúnios que podem acontecer a um homem no decorrer de sua vida, não é irreal dizer que, não importa o que lhe aconteça, só o que ele precisa fazer a fim de ser feliz é simplesmente exercer as virtudes morais?

Uma coisa é recomendar a chamada vida boa com a justificativa de que é nosso dever, ou de que Deus o exige de nós, ou algo do gênero, mas outra coisa é recomendá-la com a justificativa de que somente a vida boa é a vida feliz. Pois não há como superar o fato de que a vida humana é carregada de tantos perigos que nem mesmo a virtude moral de um Sócrates poderia garantir algo que, por algum esforço da imaginação, se pudesse chamar de autêntica felicidade.

Esse problema perseguiu o próprio Aristóteles já no primeiro livro da *Ética*:

> A felicidade, como dissemos, exige tanto completa bondade quanto o período completo de uma vida inteira. Pois muitos reveses e vicissitudes de todos os tipos ocorrem no decorrer da vida, e é possível que o homem mais próspero possa sofrer grandes desastres em seus anos de ocaso, como na história de Príamo, contada nas epopéias; mas ninguém chama de feliz um homem que sofre infortúnios como os de Príamo, e chega a um final infeliz.[5]

---

[5] Aristóteles, *Ética a Nicômaco* (tradução da Loeb Library), Livro I, cap. 9, 1100a 4-9.

A solução do problema por Aristóteles parece, a uma primeira leitura, um tanto evasiva e decepcionante:

> Mas os acidentes da fortuna são muitos e variam em grau de magnitude; e embora pequenos golpes de sorte, como também infortúnios, evidentemente não mudem o curso inteiro da vida, ainda assim grandes e repetidos sucessos tornarão a vida mais radiosa, uma vez que tanto por sua própria natureza eles ajudam a embelezá-la como também podem ser nobre e virtuosamente utilizados, enquanto grandes e freqüentes reveses podem esmagar e estragar nossa alegria, tanto pela dor que causam quanto pelo obstáculo que opõem a muitas atividades. No entanto, o brilho da nobreza transparece mesmo na adversidade, quando um homem suporta repetidos e graves infortúnios com paciência, não devido a insensibilidade, mas a generosidade e grandeza da alma. E se, como dissemos, a vida de um homem é determinada por suas atividades, nenhum homem sumamente feliz pode algum dia tornar-se infeliz. Pois ele nunca cometerá ações malignas ou ignóbeis, uma vez que afirmamos que o homem autenticamente bom e sábio receberá todos os tipos de sucesso de um modo decente, e agirá sempre da maneira mais nobre que as circunstâncias permitirem, tal como um bom general faz o uso mais eficaz das forças à sua disposição e um bom sapateiro faz o melhor sapato possível do couro que lhe foi fornecido, e assim por diante com todos os outros ofícios e profissões. E, assim sendo, o homem feliz nunca pode tornar-se infeliz; embora seja verdade que ele não será supremamente abençoado se se defrontar com os infortúnios de um Príamo.[6]

Até que ponto essa é uma resposta satisfatória à contestação de que a vida boa — a vida de virtude moral e intelectual — não é garantia de felicidade? A concessão de Aristóteles é da maior importância: ele admite que, em casos de extrema adversidade, não se

---

[6] *Ibid*, Livro I, Cap. 10, 1100b 23-1101a 8.

pode dizer que o homem bom desfruta de plena felicidade; de fato, ele não pode contar com muito mais do que a certeza nem um pouco consoladora de que ele, pelo menos, "nunca se tornará infeliz". Isso, vocês poderiam dizer, é uma recomendação bem fraquinha para uma vida de virtude!

É bom ter em mente o que Aristóteles está tentando provar. Ele não está interessado em demonstrar que a virtude é uma garantia segura de felicidade. Ele está só tentando mostrar que uma vida de virtude, embora não uma absoluta garantia de felicidade, é a melhor garantia que existe, e que o homem bom, embora possa não ser completamente feliz sob circunstâncias de adversidade, pelo menos é mais feliz sob essas circunstâncias do que o homem não-virtuoso seria. Em outras palavras, a alegação aristotélica é que somente vivendo de um modo autenticamente humano – i. e., exercendo as virtudes intelectuais e morais – um ser humano pode garantir para si próprio levar uma vida tão feliz e plena quanto as circunstâncias permitirem.

À luz dessas considerações, a função da sabedoria é reconhecer que a ética tem uma outra dimensão, acima e além da dimensão do puramente humano e do propriamente filosófico. Em uma dimensão assim só se pode ter fé em que "o Senhor é o meu rochedo e minha defesa; meu Salvador, meu Deus e minha fortaleza, em que confiarei, meu escudo, a trompa também da minha salvação e meu refúgio".[7] Isso, no entanto, é sair da filosofia e entrar nos precintos da religião; mas sair da filosofia é sair da esfera deste livro.

---

[7] *The Book of Common Prayer*, Salmo 18.

CAPÍTULO VII

Mas e se Deus morreu?

1. Introdução

"Deus morreu." Essa foi uma declaração de Nietzsche, e, nos dias de hoje, é algo que quase todo mundo aceita sem questionamento. Essa proposição passou a ser um tal truísmo que ninguém se lembra de dar a Nietzsche o crédito por ela. Nem mesmo nos damos mais ao trabalho de proclamá-la; simplesmente agimos com base nela. Pois a implicação da declaração de Nietzsche é simplesmente que não existe ordem moral objetivamente fundamentada em parte alguma no universo:* a moralidade não pode apelar nem a Deus, nem à natureza, nem a qualquer tipo de realidade como fontes das quais ela possa extrair sua base e sua justificativa. E "se a crença em Deus e em um arranjo essencialmente moral das coisas não é mais defensável", por que não aceitar a conseqüência, ou seja, "a crença na absoluta imoralidade da natureza e no total despropósito e fal-

---

* Quase não é preciso dizer que a afirmação "não há ordem moral no universo" é nem equivalente a nem uma conseqüência necessária da afirmação "Deus morreu". Todavia, tanto Nietzsche quanto Sartre consideram que no mundo moderno a perda da fé em uma ordem moral é um fato conseqüente à perda da fé em Deus. Daí, eles tendem a usar as duas afirmações como se fossem praticamente intercambiáveis. Seguiremos esse uso tanto neste capítulo quanto no próximo.

ta de sentido de nossos impulsos e afeições humanas psicologicamente necessários?"[1]

O propósito deste livro é sugerir que, nos termos de Nietzsche, Deus não morreu afinal, que a própria natureza, ou pelo menos a natureza humana, de fato envolve uma ordem moral, a qual seria o interesse dos seres humanos reconhecer e sobre ela agir. E no entanto ainda não enfrentamos plena e honestamente o fato de que a máxima de Nietzsche é amplamente aceita por nossos contemporâneos, e bem poderia ser usada como epígrafe de praticamente todo tratado contemporâneo sobre ética. Em nosso primeiro capítulo afirmamos que o relativismo e o ceticismo ético são indefensáveis e inconsistentes, mas ainda temos de enfrentar de cabeça a inabalável convicção atual de que a ética não tem nenhuma base ou fundamento objetivo. Com esse fim, será adequado considerar certos exemplos característicos de posições éticas dos dias atuais, nas quais faz-se uma tentativa de converter o ceticismo ético de Nietzsche em uma posição de força.

2. Utilitarismo

A. A indiferença do utilitarismo a questões relativas a uma base objetiva para a ética

Com uma mistura de exuberância ingênua e altivez britânica, Jeremy Bentham insistiu confiantemente que esse negócio todo de moral e ética podia ser reduzido simplesmente a uma questão de

---
[1] Friedrich Nietzsche, *Der Wille zur Macht*, 55. Isso é mais uma paráfrase do que uma tradução.

promover a maior felicidade do maior número. Essa posição faz sentido para muitos homens e mulheres vivendo na sociedade dos dias atuais. Por que se preocupar quanto a se a natureza é amoral, ou se nossos impulsos e sentimentos psicologicamente determinados têm algum significado? Sabemos o que queremos, e o conseguimos para tantos seres humanos nossos companheiros quanto podemos, sem nos perturbarmos quanto a se esse princípio de conduta é sancionado por Deus ou pela natureza ou por alguma extrema ordem moral do universo.

B. O ALTRUÍSMO COMO UMA PISTA FALSA DA ÉTICA

Um outro aspecto desse programa utilitário o recomenda a muita gente, embora ele pudesse ter perturbado alguns proponentes originais da doutrina, particularmente John Stuart Mill. A maioria das pessoas, hoje, sugeriríamos, tende a supor que moral ou ética envolvem apenas suas relações com os outros, e nunca suas relações com elas próprias. Todo mundo sabe do que gosta e o que aprecia, o que seria para si próprio uma fonte de prazer e felicidade. O problema, então, não é saber o que se quer, mas saber como consegui-lo sem fazer mal a muitas outras pessoas e privá-las do que *elas* querem. Desse ponto de vista da moralidade, consiste apenas em se ter consideração pelos outros. Não se tem a obrigação de buscar a própria felicidade; far-se-á isso de qualquer modo; mas tem-se a obrigação de considerar a felicidade dos outros, a maior felicidade do maior número.

Os utilitários sempre tiveram alguma dificuldade em demonstrar por que alguém tem qualquer obrigação de pensar nos outros.

Caso se comece baseando sua ética em francos princípios hedonistas, afirmando que o prazer é a única coisa de qualquer valor na vida e recomendando que o agente moral simplesmente faça o que lhe agradar, fica patentemente difícil fazer a transição desse ponto de partida para a afirmativa adicional de que esse mesmo agente moral devia interessar-se não meramente por seu próprio prazer, mas igualmente pelo prazer dos outros.

Sem dúvida, um utilitário pode tentar justificar ter consideração pelos outros simplesmente com base em que isso é no melhor interesse da própria pessoa. Esse seria um altruísmo fundado em motivos puramente egoístas. Mas, como muitas vezes já se observou, isso não seria de modo algum um altruísmo autêntico: a felicidade dos outros, ou a maior felicidade do maior número não seria algo intrinsecamente de valor ou que valesse a pena; o único valor vinculado à felicidade dos outros seria o valor puramente utilitário que ela sem dúvida conferiria para a maior felicidade da pessoa.

Mais uma vez, pode-se tentar dar início a um argumento envolvendo considerações puramente lógicas ou lingüísticas, para demonstrar que não pode ser apenas a sua própria felicidade que tem valor, mas sim a felicidade de todos, ou pelo menos a maior felicidade do maior número. Muita gente há de se lembrar do argumento de Mill a esse respeito:

> Perguntas sobre fins são, em outras palavras, perguntas sobre que coisas são desejáveis. A doutrina utilitária é que a felicidade é desejável, e a única coisa desejável, como um fim, todas as outras coisas sendo apenas meios desejáveis para esse fim. O que se deveria exigir dessa doutrina, que condições são obrigatórias para que a doutrina preencha – faça valer sua pretensão a ser acreditada?

HENRY B. VEATCH

> A única prova capaz de ser dada de que um objeto é visível é que pessoas efetivamente o vêem. A única prova de que um som é audível é que pessoas o ouvem; e assim com as outras fontes de nossa experiência. De maneira semelhante, entendo, a única prova que é possível apresentar de que algo é desejável é que pessoas efetivamente o desejam. Se o fim que a doutrina utilitarista propõe para si mesma não fosse, na teoria e na prática, reconhecido como sendo um fim, nada jamais poderia convencer qualquer pessoa de que assim era. Não se pode dar nenhum motivo pelo qual a felicidade geral é desejável, exceto que cada pessoa, na medida em que acredita que ela seja alcançável, deseja sua própria felicidade. Isso, no entanto, sendo um fato, temos não somente toda a prova que o caso pode admitir, mas toda que é possível exigir, de que a felicidade é um bem, que a felicidade de cada pessoa é um bem para essa pessoa e que a felicidade geral, portanto, é um bem para o conjunto de todas as pessoas.[2]

Conforme apresentado, esse argumento é, para dizer o mínimo, dúbio. Se ele pode ser salvo do colapso por uma formulação mais sutil da refutação do egoísmo à maneira de G. E. Moore[3] é uma questão com que não precisamos nos preocupar aqui. Entretanto, o utilitarismo de fato se faz recomendável para muita gente, como uma doutrina ética que parece se basear em nada mais do que no fato de que os seres humanos sabem a diferença entre ser feliz e ser infeliz. Ela se recomenda pelo motivo mesmo de que não exige nenhuma pressuposição questionável de uma ordem moral enraizada na natureza das coisas. Ela se recomenda, também, como uma doutrina que tende a centrar nosso interesse moral quase exclusivamente no bem-estar e na felicidade dos outros. Por algum estranho motivo, a maioria das pessoas hoje, ao que parece, supõe que

---

[2] John Stuart Mill, *Utilitarianism*, N. York: Liberal Arts Press, 2nd ed., 1957, pp. 44-45.
[3] G. E. Moore, *Principia Ethica*, Cambridge University Press, 1st ed., 1903, Cap. III, especialmente pp. 101-5.

moralidade começa e termina com ajudar os outros. O utilitarismo tem apelo para elas porque se ajusta a suas noções preconcebidas[4] do que uma teoria ética ou moral deveria ser.

Se um tipo de altruísmo assim pode ou não ser justificado, qualquer identificação dessas da ética com o altruísmo entra radicalmente em conflito com o tipo de ética do homem racional que vimos tentando defender neste livro. Aos olhos de Aristóteles, a ética não começa com pensar nos outros, começa com a própria pessoa. O motivo é que todo ser humano enfrenta a tarefa de aprender a viver, aprender como vir a ser humano, tal como tem de aprender a andar ou a falar. Ninguém pode ser autenticamente humano e agir como um homem racional sem primeiro atravessar o difícil e muitas vezes doloroso processo de adquirir as virtudes intelectuais e morais e então, tendo-as adquirido, exercê-las efetivamente no processo concreto, mas problemático, de viver.

Isso não é dizer que, para Aristóteles, a ética não tem nenhum interesse pelo bem-estar dos outros. Nem estamos afirmando que Aristóteles é necessariamente mais bem-sucedido do que os utilitaristas em fornecer uma justificativa adequada para a obrigação, que por certo é de todos nós, de nos interessarmos pelos direitos e pelo bem-estar de nosso próximo. Pessoalmente, acho que Aristóteles fornece mesmo uma justificativa melhor que os utilitaristas. Mas, uma vez que a investigação deste livro é restrita à ética individual, em contraste com a ética social, problemas do desenvolvimento e aperfeiçoamento do indivíduo, em contraste com

---

[4] Se foi a existência dessas noções que originalmente fez com que o utilitarismo se difundisse, ou se foi o utilitarismo que levou essas noções a serem tão predominantes, não arriscamos dizer.

os do estado e da sociedade, podemos passar por cima dessa questão como não sendo relevante para nosso objetivo atual.

C. AS INSUFICIÊNCIAS DE TENTAR CONCEBER A FELICIDADE SEPARADAMENTE DE QUALQUER CRITÉRIO OBJETIVO

Para voltar a perguntas que são relevantes, já observamos que, aos olhos de muita gente, hoje, não há problema em definir o que elas próprias querem, ou que as faria felizes, ou que seria melhor para elas; o único problema é se, ao buscar seus próprios melhores interesses, elas podem entrar em conflito com os interesses dos outros. Sócrates, no entanto, longe de supor que todo mundo sabe muito bem o que é melhor para si, pressupõe que o problema básico, se não o problema exclusivo da ética, é exatamente o de conhecer a si próprio. À luz de toda a nossa muito elaborada análise da situação moral humana, algum de nós pode continuar sem compreender que tolos nós, mortais, somos? Não conhecemos a nós próprios, estamos eternamente nos iludindo, fazendo-nos crer que somos algo que não somos, tentando sempre assumir uma pose ou desempenhar um papel, recusando-nos constantemente a nos vermos como os demais nos vêem.

A fonte dessa autocegueira, que o utilitarismo com tanta freqüência parece promover, pode ser localizada na própria tendência por parte dos moralistas utilitaristas de tentar edificar uma ética meramente sobre a base do prazer e da felicidade humanos, e não sobre a base da natureza humana ou da ordem moral da natureza como um todo. Nada parece ser mais fácil do que um homem estar contente consigo mesmo, quando na verdade o eu com que ele está tão contente deixa lamentavelmente de corresponder ao que se poderia esperar que seu eu fosse, à luz das capacidades naturais do homem para uma vida inteligente e examinada. O exemplo de Sir Walter Elliott deveria ser suficiente para nos convencer de que a função toda da moral e da ética não é fazer os homens felizes e contentes; ao contrário, a função da ética é deixá-los infelizes com o que eles são no momento, despertá-los de sua presunção e complacência. Pois aos olhos de Aristóteles a coisa a ser buscada na vida não é a felicidade como tal, em si, mas a felicidade ou satisfação em se ter atingido seu fim de perfeição humana natural. É por isso que falamos aqui da "definição objetiva", de Aristóteles,[5] de felicidade e de seu esforço de fazer da felicidade algo objetivamente determinável.

Para provar esse ponto de vista contra os utilitaristas, citamos a existência feliz e satisfeita de Sir Walter Elliott. Poderíamos, até mais adequadamente, ter usado o exemplo do "metroviário" de Marcel,[6] cuja vida era obviamente frustrada e infeliz se julgada pelos padrões das capacidades naturais do homem, mas que não obstante poderia estar totalmente feliz e satisfeito com sua própria apreciação de si mesmo.

Agora, talvez, possamos começar a ver como o *Admirável Mundo Novo*, de Huxley, é uma refutação muito mais arrasadora do utilitarismo do que todos os sutis e elaborados argumentos filosóficos que se pode reunir. Huxley percebe claramente, como todos nós devemos perceber hoje, se pararmos para pensar a respeito, que o modo mais eficaz e indolor de alcançar a maior felicidade do

---

[5] Ver anteriormente, Cap. I.
[6] Ver anteriormente, p. 55.

maior número é condicionar os seres humanos, de forma a torná-los inquestionável e não questionavelmente felizes em seus papéis como Alphas, Betas, Gamas ou Deltas do Leviatã do século XX.

Como o Controlador lembrou ao Selvagem,

> — Não se pode fazer fusquinhas sem aço — e não se pode fazer tragédias sem instabilidade social. O mundo agora está estável. As pessoas estão felizes, elas conseguem o que querem, e nunca querem o que não podem conseguir. Elas se deram bem; estão seguras; nunca estão doentes; não têm medo da morte; são ditosamente ignorantes da paixão e da velhice; não são infernizadas por mães ou pais; não têm esposas, ou filhos, ou amantes para com quem ter fortes sentimentos; estão tão condicionadas que praticamente não podem deixar de se comportar como deviam. E se alguma coisa correr errado, há *soma*. Que você vai e atira pela janela em nome da liberdade, Sr. Selvagem. *Liberdade!* — Ele riu. — Esperando que Deltas saibam o que é liberdade! E agora esperando que eles entendam *Otelo*! Meu bom rapaz!
> O Selvagem ficou um pouco em silêncio.
> — Mesmo assim — ele insistiu obstinadamente —, *Otelo* é bom, *Otelo* é melhor do que esses troços sentimentais.
> — Claro que é — o Controlador concordou. — Mas esse é o preço que temos de pagar pela estabilidade. Tem-se de escolher entre felicidade e o que as pessoas costumavam chamar de alta arte. Nós sacrificamos a alta arte. No lugar, temos os troços sentimentais e o órgão do olfato.
> — Mas eles não significam nada.
> — Significam a si próprios; significam um monte de sensações agradáveis para o público.[7]

O próprio John Stuart Mill reconheceu esse tipo de perigo quando declarou: "É melhor ser um ser humano insatisfeito do que um

---

[7] Aldous Huxley, *Brave New World*, Nova York e Londres: Harper and Brothers, 1946, pp. 263-64.

suíno satisfeito; melhor ser Sócrates insatisfeito do que um tolo satisfeito."[8] Mas, exprimindo assim suas próprias honestas convicções, Mill traía completamente seus próprios princípios utilitários. Além disso, Mill vivia na confortável era vitoriana. Se vivesse hoje, quando ditadores totalitários parecem possuir recursos ilimitados para deixar os homens felizes, transformando-os em suínos e tolos, a gente se pergunta se Mill não teria estado entre os primeiros a reconhecer que mero prazer e felicidade, quando compreendidos em abstração do requisito moral da natureza do homem como ser humano, longe de serem critérios suficientes da vida boa, podem bem demonstrar ser os instrumentos de completa degradação e brutalização do homem.

3. G. E. Moore e o problema da falácia naturalista

A. Sofisticação filosófica e utilitarismo

Mas toda essa crítica do utilitarismo não é mais como descer o relho em um cavalo morto? Embora princípios utilitários possam estar entre os pressupostos básicos do pensamento ético comparativamente acrítico dos intelectuais do presente, o utilitarismo não parece ser tomado muito a sério pelos filósofos acadêmicos. Desde que G. E. Moore propôs seu famoso argumento sobre a "falácia naturalista",[9] tanto o hedonismo quanto o utilitarismo pareceram totalmente desacreditados.

---

[8] Mill, *Utilitarianism*, p. 14.
[9] Moore, *Principia Ethica, passim*, especialmente Cap. I.

Pareceram mesmo? Por mais irônico que seja, se por um lado o efeito do argumento de Moore foi o de deixar o utilitarismo completamente destruído, ele parece ter deixado destruído também qualquer outro tipo de ética; nem autores mais recentes em língua inglesa sobre ética se apresentaram com alguma coisa importante para tomar o lugar do utilitarismo. Ao contrário, a atividade deles parece ter se desviado de interesses propriamente éticos para interesse pela mera análise da linguagem ética. Caso se pergunte a esses analistas a que tipo de ética eles estariam pessoalmente inclinados a se dedicar, eles provavelmente diriam que os compromissos pessoais de um homem não são em nenhum sentido uma questão filosófica, e portanto não são da conta de ninguém, salvo deles próprios. Caso se perseverasse, assegurando-lhes estar cônscio de que a filosofia fica acima de qualquer coisa tão pessoal quanto crenças e convicções, e que só o que se está fazendo é manifestar uma curiosidade muito pouco filosófica quanto a quais possam ser suas convicções morais, é muito possível que eles saiam de trás de sua sofisticação tempo bastante para admitir que eram utilitaristas, embora em grande parte como seria de se esperar e porque deles mal se pode dizer que saberiam o que mais ser. Apenas tentem raspar a superfície de um filósofo oxfordiano na última moda e podem descobrir que ele não é nada por baixo, senão um simples utilitarista.

B. A FALÁCIA NATURALISTA: A TENTATIVA DE TRANSFORMAR O MERAMENTE NATURAL NO BEM

Entretanto, não podemos evitar enfrentar o argumento de G. E. Moore respeitante à falácia naturalista. Pois esse argumento não só atinge o utilitarismo na raiz como também parece puxar o tapete da posição ética aristotélica, segundo a qual o bem para o homem é simplesmente o fim natural do homem, aquele para o qual um ser humano é naturalmente orientado simplesmente em virtude de ser ele humano. De fato, todas as considerações que aventamos em nosso primeiro capítulo sobre a separação entre fato e valor, entre o "é" e o "deve" – pode-se dizer que tudo isso encontra sua extrema justificativa na denúncia de Moore da falácia naturalista.

Para nosso objetivo, uma recapitulação do argumento precisamente nos termos de Moore poderia não ser muito esclarecedora. Em vez disso, tentaremos dar uma versão um tanto simplificada dele, a fim de melhor expor sua pertinência no presente contexto.

Como já vimos, para Aristóteles "o bem" é simplesmente "aquilo a que todas as coisas visam".[10] Mais especificamente, com respeito a seres humanos, se quiserem saber o que é o bem humano, o conselho de Aristóteles é que tentem determinar a que é que o homem visa, qual é o seu fim natural, e em direção à plenitude ou à perfeição um ser humano natural tende. Isso nunca vai servir, acha Moore, porque nessa explicação do que é o bem humano Aristóteles está propondo, pelo menos implicitamente, se não explicitamente, uma definição de bondade;[11] e a definição, infelizmente, comete a falácia naturalista.

O que é, afinal, essa falácia naturalista? Em resposta a essa pergunta, Moore sem dúvida indicaria, primeiro, que em sua defini-

---

[10] Cf. anteriormente, Cap. 2, p. 78.
[11] Caso se quisesse ser pedante, poder-se-ia insistir em que, para Aristóteles, "bem" não pertence exclusivamente a nenhuma categoria isolada e daí não ser suscetível de definição no sentido habitual. No entanto, há um pequeno objetivo em insistir nessa consideração aqui.

ção de bondade Aristóteles parece equacionar o bem do homem, ou o de qualquer outra coisa, aliás, com aquilo em cuja direção a coisa em questão tende naturalmente. O bem de uma bolota é ser um carvalho maduro; o bem do homem é levar uma vida examinada.

Mas existe algo muito dúbio, acha Moore, nessa tentativa de identificar o bem de alguma coisa com aquilo em cuja direção ela tende naturalmente. Por que uma tendência natural seria necessariamente uma tendência em direção ao bem? Limitando nossa atenção, por enquanto, aos seres humanos, por que o mero fato de que eu viso a alguma coisa, ou que você visa, ou que todos os homens visam, significa necessariamente que aquilo a que estamos visando é o bem? Não é pelo menos concebível que aquilo a que os homens de fato visam podia ser qualquer coisa, menos o bem, podia até ser o mal, ou podia não ser uma coisa nem outra?

Em outras palavras, Moore está acusando Aristóteles de tentar converter um mero fato da natureza em um valor, e isso não se pode fazer. A fim de ver que é isso mesmo que Aristóteles está fazendo, vamos recapitular rapidamente as principais considerações em apoio da visão aristotélica de que o fim natural do homem é apenas viver inteligentemente. Só para começar, Aristóteles insiste que o fim característico para um ser humano não pode ser simplesmente permanecer vivo, à maneira de um vegetal. Nem pode ser viver em um nível animal, uma vez que mesmo uma vaca ou um cavalo fazem isso. Portanto, Aristóteles conclui, o fim autêntico do homem só pode ser usar a inteligência que somente ele possui – viver inteligentemente, levar uma vida examinada.

Suponham que, para os propósitos da argumentação, admitimos que a vida examinada é o fim natural do homem. Isso prova que ela é boa? Moore diria "não". E, no entanto, isso é precisamente o que Aristóteles deve empreender demonstrar, caso queira que seu argumento tenha qualquer pertinência para a ética. Mas isso ele não pode demonstrar, uma vez que seu argumento comete a falácia naturalista, e é uma tentativa de passar do fato de que algo é natural para o fato de que é bom, do "é" para o "deve"[12] de fato para valor.

C. DA CONCEPTIBILIDADE DO OPOSTO COMO O CRITÉRIO DA FALÁCIA NATURALISTA

Mas ainda não chegamos à raiz da falácia, tal como Moore a vê. Moore não se contenta em apoiar sua tese apenas na aparente implausibilidade da equação de Aristóteles de fato com valor, do natural com o bem. Moore quer também demonstrar que isso é logicamente impossível, porque Aristóteles violou os critérios lógicos de boa definição. Como ele faz isso?

Como resposta, poderíamos destacar que a epígrafe do livro de Moore é uma citação do Bispo Butler: "Tudo é o que é, e não uma outra coisa." De acordo com isso, para definir uma coisa, deve-se defini-la como o que ela é, e não como alguma outra coisa. Ninguém poderia muito bem opor-se a isso. Mas não é difícil calcular qual é provável que seja, no presente contexto, o ataque de um truísmo como esse. Moore obviamente vai insistir que definir o bem como aquilo a que todas as coisas visam — ou, com mais

---

[12] Sobre a falácia de se tentar passar de declarações quanto ao que é ou não é o caso a declarações quanto ao que devia ou não ser o caso, o *locus classicus* é, claro, o *Tratado* de Hume, Livro III, Parte I, seção I. A passagem relevante é citada inteira em P. H. Nowell-Smith, *Ethics*, Londres: Penguin Books, 1954, pp. 36-37.

exatidão, definir o bem de qualquer coisa como aquilo a que ela visa ou em cuja direção ela tende por natureza – viola claramente o cânone de Butler, pois define o bem como o natural, i. e., define-o não como o que ele é, mas sim como alguma outra coisa. Isso equaciona valor com fato, o "deve" com o "é".

E o que é mais, Moore acha que tem uma pedra de toque pela qual pode determinar, em qualquer dado caso, e particularmente no atual caso de Aristóteles, se uma definição viola o cânone de nunca equacionar a coisa a ser definida com qualquer outra coisa além dela própria. O mecanismo é o seguinte: se uma definição de uma coisa é uma definição legítima, deve ser tal que o seu oposto é simplesmente inconcebível ou autocontraditório. Assim, suponham que a definição de x seja isso e aquilo, digamos "y". Então, deve ser absolutamente inconcebível que x seja outra coisa que não y. Pois supor diferentemente seria como dizer que é concebível que x possa ser outra coisa que não x, o que é absurdo.

Aplicando essa pedra de toque à definição aristotélica do bem, descobre-se de imediato que essa última deixa a desejar, Moore acha. Como já vimos, assim que se tenta identificar o bem de uma coisa com aquilo para o que ela é naturalmente organizada e em cuja direção ela tende naturalmente, então uma pergunta torna-se de imediato significativa e pertinente: esse fim natural é necessariamente bom, afinal; não poderia o natural, nesse caso, ser tudo, menos bom? Em outras palavras, o oposto da definição proposta é pelo menos concebível; em sendo assim, a definição, então, não é em absoluto uma definição correta.

Nem Moore pára por aí. Suponham que em vez de tentar equacionar o bem com o objetivo de alguma tendência natural tentássemos equacioná-lo com alguma outra propriedade, com o agradável, como propõem os hedonistas, ou com o desejado, ou com qualquer objeto de algum interesse, como sustentou R. B. Perry. Em cada caso desses, a mesma pedra de toque pode ser usada, e com o mesmo resultado. Por exemplo, pode-se, com muito sentido, perguntar com respeito à definição hedonista: "Mas se uma coisa é agradável, isso necessariamente significa que ela é boa?" Nada mais é necessário do que uma pergunta assim ter sentido, a fim de demonstrar que a definição proposta não é afinal definição nenhuma.

Aparentemente, então, segundo o critério de Moore, a condição de bom não pode ser equacionada com absolutamente nenhuma propriedade natural, nem tampouco com qualquer propriedade sobrenatural. A propriedade da bondade, portanto, não pode ser identificada com nenhuma propriedade, salvo com a própria bondade; o que significa que ela não pode em absoluto ser definida. É, como diria Moore, uma propriedade indefinível.

D. A FALÁCIA NATURALISTA CAPTURA SEU PRÓPRIO INVENTOR

Já chega quanto ao argumento de Moore sobre a falácia naturalista. O argumento é certamente engenhoso, mas será correto? O interessante a respeito dele é que busca derrubar a explicação de Aristóteles para bondade — ou, aliás, qualquer explicação de bondade, seja naturalista ou sobrenaturalista — não por um apelo aos fatos, mas por um apelo à lógica. A definição de Aristóteles do bem é considerada enganada, não porque não se adapte aos fatos, mas porque viola os cânones lógicos de boa definição: ela tenta definir alguma coisa não em termos do que ela é, mas em termos do que ela não é.

Por inatacável que isso pareça, uma pessoa se pergunta se Moore não se terá metido, com sua argumentação, em um beco sem saída. Se qualquer definição do bem deve cometer uma falácia, então, pelo mesmo princípio, praticamente qualquer definição de qualquer coisa também deve cometer uma falácia. Caso se defina A como A, isso é meramente uma tautologia, não uma definição. Por outro lado, caso se defina A como B ou C, então se estará definindo A em termos do que não é A, e isso viola o princípio de que tudo é o que é, e não uma outra coisa. No entanto, deve-se definir A ou em termos de A ou em termos de algo que não é A. Donde, por esses princípios, pareceria impossível algum dia definir-se qualquer coisa. E isso é muito mais do que o próprio Moore jamais imaginou.[13]

Nem isso é tudo. Moore insiste que o critério de qualquer definição genuína é que o seu oposto é inconcebível, porque autocontraditório. Na base desse critério ele foi capaz de excluir a definição de Aristóteles para o bem, ou qualquer definição semelhante. Segue-se disso que nenhuma definição pode, algum dia, ter outra forma que não a de uma tautologia vazia, A é A. Pois se o oposto de qualquer definição correta é forçosamente autocontraditório, então o oposto dessa terá a forma A é não-A. Mas, aí, a própria definição só poderá ter a forma A é A. Isso significa que uma definição nunca pode nos dizer coisa alguma, ou transmitir nenhum tipo de informação que seja. Só podemos dizer que gatos são gatos, ou que amarelo é amarelo. Não podemos dizer realmente

---

[13] Cf. o famoso artigo de W. K. Frankena, intitulado "The Naturalistic Fallacy", *Mind*, Vol. XLVIII, N. S. nº 192, pp. 465-77.

coisa alguma sobre gatos ou sobre amarelo. A fim de perceber a verdade de uma afirmação no sentido de que gatos são gatos, eu nem sequer preciso saber o que é um gato. A afirmação é verdadeira em virtude apenas de sua forma, "A é A". É uma mera verdade formal, ou verdade lógica. Mas uma definição como "gatos são gatos" não nos dá realmente nenhuma informação sobre gatos, em absoluto.

Eis aqui o beco sem saída. Qualquer definição que atenda ao critério de Moore tem de ser de uma forma que torna absolutamente impossível para ela sequer ser uma definição pelo menos no sentido de nos dizer o que é a coisa sendo definida. Em suma, definir alguma coisa é, pelo princípio de Moore, não conseguir defini-la, e visar a conhecer o que é alguma coisa qualquer é entregar-se à impossibilidade lógica de algum dia saber o que ela é.

Dizer, portanto, que a famosa doutrina de Moore da falácia naturalista é autofrustrante é ser muito ameno e especioso no falar. A verdade simples é que é uma mixórdia lógica, que não precisamos tentar arrumar aqui. Vamos nos contentar com dar algumas sugestões quanto a onde Moore parece ter tomado o caminho errado.

E. ONDE MOORE ERROU O CAMINHO

Suponham que concedamos que tudo é o que é, e não uma outra coisa. Segue-se daí que, assim que achamos haver descoberto o que uma dada coisa é, deve imediatamente tornar-se impossível que possamos em algum momento estar errados? De acordo com Moore, se *é* concebível que possamos estar errados, então isso é em si mesmo indicação suficiente de que não sabemos o que é a coisa em questão. Isso parece mesmo muito forçado. O que estamos sugerindo é que, embora possamos conceder a Moore aceitar o seu princípio básico, não podemos conceder-lhe aceitar o seu critério para determinar se o nosso conhecimento de uma coisa (i. e., nossa definição dessa coisa) é ou não um conhecimento com exatidão. Ele afirmou, lembrem-se, que se uma definição é legítima, seu oposto deve ser inconcebível, ou autocontraditório. Assim, é o critério de definição de Moore, e não o princípio de Butler, que causa toda a dificuldade.

Uma vez que descartamos o critério de Moore* e continuamos nossos esforços por conhecer as coisas pelo que elas são, será sempre significativo perguntar se aquilo que, em uma dada instância, julgamos que alguma coisa fosse é realmente o que essa coisa é. Podemos fazer essa pergunta sem prejuízo da possibilidade de que o que julgamos que uma dada coisa fosse seja o que ela efetivamente é, ou se o que tomamos como sendo a definição da coisa é realmente sua definição. Para fazermos uma ilustração rudimentar, podemos supor que existe esse negócio de seres humanos, e que eles são o que são, e não alguma outra coisa. Podemos supor ainda mais que, em resposta à pergunta "O que é um ser humano?",

---

* Pode-se observar que nosso repúdio ao critério de Moore baseia-se em dois tipos de consideração. De acordo com a primeira, o critério deve ser rejeitado porque leva a uma *reductio ad absurdum*. Segundo a outra, o critério deve ser rejeitado porque, ao menos pelo bom senso, ele é gratuito: nós de fato questionamos constantemente nossa definição das coisas quanto a sua correção e adequação, sem por esse motivo supor que nossas definições propostas nem mesmo sejam definições. Não obstante, isso ainda deixa incólume o argumento estritamente lógico que é possivelmente o derradeiro forte argumento para qualquer defesa do critério de Moore, a saber, que uma definição, sendo uma afirmação do que uma coisa é, ou seja, A é A, seu oposto será simplesmente uma contradição, ou seja, A não é A. Esse argumento lógico, no entanto, é um de que não podemos tentar tratar neste ensaio.

demos como nossa definição "um ser humano é um animal racional". E podemos então levantar a questão de se essa é ou não a definição certa de "ser humano", sem prejudicar a possibilidade de que *seja* a definição certa.

De uma maneira mais geral, sobre qualquer gênero de coisa natural — prata, amebas, hidrogênio, eletricidade —, podemos perguntar o que esses tipos ou gêneros de coisas são e podemos propor definições deles. Então, sempre podemos nos perguntar: "Minha definição é correta? A espécie de coisa que estou considerando é realmente do tipo que eu supus que fosse? Ou devo mudar minha definição?" Porque perguntas desse tipo são sempre significativas não se segue que as coisas com que nos deparemos no mundo são indefiníveis, ou que qualquer tentativa de definição delas deva ser ou inquestionável, ou então não será definição de espécie alguma. Isso seria irreal.

De fato, se não nos enganamos, aquilo em que o critério de definição de Moore resulta é algo assim: se um animal racional é simplesmente o que um ser humano é, se isso é o que queremos dizer com "homem", então seria tão absurdo perguntar se o homem é, afinal de contas, realmente um animal racional quanto seria perguntar se o homem é homem ou não. Usar um critério de definição desses parece tanto gratuito quanto forçado.

Voltando, então, a Aristóteles e à sua definição proposta, bem como àquilo a que todas as coisas visam, por que não seria perfeitamente legítimo perguntar se essa definição é correta ou adequada? Isso é realmente o que queremos dizer com "bem"? Aquilo a que algo visa naturalmente é necessariamente bom? Mas se Moore está certo, e se o que Aristóteles está propondo como uma definição do "bem" é adequadamente uma definição, então é tão absurdo perguntar se o bem é realmente aquilo a que todas as coisas visam quanto seria perguntar se o bem é o bem.

Não é óbvio que o critério de definição de Moore é severo demais? No que respeita a Aristóteles e sua definição proposta do "bem", a pergunta real não é se sua definição é certa, e não se sua definição é uma definição? Aristóteles podia estar inteiramente equivocado em sua concepção da natureza da bondade. E, no entanto, meramente porque é concebível que ele pudesse estar errado, não podemos dizer, por esse motivo somente, que sua definição não é nem mesmo uma definição, porque ela comete a falácia naturalista. Pode não ser uma boa definição, mas com certeza não é lógica ou lingüisticamente falaciosa. Mas se não é, então esse negócio todo sobre a falácia naturalista é nada mais do que uma pista falsa?

Tendo assim (esperamos) afastado a falácia naturalista de nosso caminho, podemos agora seguir em frente e tentar entender valor e bondade em termos de tendências e disposições reais na natureza. Podemos até mesmo ter a esperança de que, se o bicho-papão da falácia naturalista de Moore pode ser afastado, existe uma possibilidade de que os filósofos morais britânicos possam voltar a se animar e efetivamente buscar descobrir distinções reais entre bom e mau, entre certo e errado.

F. A FALÁCIA NATURALISTA COMO UMA FONTE DE CETICISMO

Certamente não era intenção de Moore que suas doutrinas influenciassem os pensadores éticos em uma direção cética; mas esse é precisamente o efeito que elas vêm, de um modo geral, tendendo a provocar. Moore parecia achar que ele só precisava mostrar que noções de valor não tinham a possibilidade de ser compreendidas em termos dos fatos da natureza, e os filósofos reconheceriam imediatamente que termos de valor teriam de designar propriedades que eram de alguma forma não-naturais. Mas pensadores subseqüentes concluíram coisa diferente. Eles sustentaram que o argumento destinado a mostrar que termos de valor não podiam designar propriedades naturais também mostrava que esses termos não designavam quaisquer propriedades. Daí, palavras como "bom" e "mau", "certo" e "errado" não eram descritivas de coisa alguma do mundo real; na verdade, elas simplesmente não eram descritivas. Em última análise, não podia haver sentido em buscar saber se a vida boa ou se uma certa ação são certas ou erradas, pois essas coisas não podem ser objeto de conhecimento, uma vez que é um simples fato da lógica – e indiretamente um fato da vida também – que julgamentos morais e éticos são em última análise não-cognitivos.

Autores ingleses contemporâneos que escrevem sobre ética estão praticamente tão convencidos quanto Nietzsche de que Deus morreu. Mas, estando dedicados à prática britânica do dizer atenuadamente, eles nunca sequer sonhariam em exprimir declarações dramáticas, do tipo de Zaratustra, sobre esse tema. Eles apenas tratariam os defensores de Deus ou de uma ordem moral com desprezo arrogante, tal como tratariam um homem que comesse ervilhas com a faca. A alguém tão ingênuo ao ponto de falar de uma ordem moral divina ou naturalmente fundamentada, eles meramente diriam: "Meu bom homem, não percebe que está cometendo a falácia naturalista?"

Henry B. Veatch

G. O VELHO BICHO-PAPÃO DA SEPARAÇÃO ENTRE FATO E VALOR; VAMOS ACABAR LOGO COM ISSO

Admitindo-se que uma libertação da falácia naturalista é também uma libertação do caráter inalienável da ética inglesa contemporânea, ainda estamos longe de haver determinado que o bem é aquilo a que todas as coisas visam. Só o que fizemos até agora foi demonstrar que essa definição do bem não é lógica ou lingüisticamente falaciosa. Mas isso ainda não prova que a definição é correta.

Na verdade, não devemos admitir que, na definição aristotélica, o bem está sendo definido em termos de uma possibilidade natural, que valor está sendo equacionado com fato? Se assim é, então Aristóteles não está definindo bondade e valor, não em termos do que são, mas em termos de algo que definitivamente não são?

Evidentemente, não podemos continuar a fugir do problema da separação entre fato e valor. Se eles são separados e incomensuráveis, como se costuma supor, então não há modo como, por meio de uma consideração da ordem natural das coisas, possamos algum dia determinar a ordem moral das coisas. Se fato e valor são totalmente separados e distintos, então nenhuma investigação dos fatos da natureza humana poderá algum dia revelar o que é o bem humano e qual é a vida boa para o homem. Como destacamos na seção anterior, não faz a menor diferença o quão convincentemente pode ser demonstrado que a vida examinada é a vida rumo à qual o homem é organizado e dirigido por natureza. Isso ainda não provará que a vida examinada é a vida boa, a não ser que se possa primeiro demonstrar que, com respeito a qualquer ser, não só seres humanos, aquilo rumo a que esse ser é naturalmente organizado é o bem desse ser. De uma proposição como essa seguir-se-ia certamente que o fim natural do homem é o bem autêntico do homem. Mas, sem uma premissa maior como essa, essa última conclusão deve parecer sem base e sem garantia.

Então, e quanto a essa premissa maior? E quanto à própria formulação de Aristóteles do princípio, "o bem é aquilo a que *todas* as coisas visam"? Como isso pode ser substanciado? A resposta que devemos dar a essas perguntas pode parecer não só indevidamente simples, mas indevidamente dogmática. Pois nos propomos contestar diretamente a separação inicial entre valores e fatos, e gostaríamos de sugerir, em vez disso, que todos os fatos, se não são tão idênticos a valores, pelo menos têm aspectos de valor.

A visão oposta pode ter surgido de uma concepção excessivamente estática e atomista dos fatos; se tirarmos essa concepção de nossas mentes, o quadro inteiro muda. Encarem desta maneira: existe algum fato qualquer que não sugira todos os tipos de possibilidades de como ele poderia tornar-se outro e diferente? Existe um fato que seja que não proceda de algum estado prévio de fatos, esse último tendo estado, por assim dizer, prenhe com o novo fato antes mesmo de esse vir a ser? Em outras palavras, o total da realidade é impregnado da distinção entre potencialidade e realidade, entre o que ainda é apenas capaz de ser e o que efetivamente é. O potencial está relacionado ao efetivo como o imperfeito ao perfeito, o incompleto ao completo, o vazio ao cheio.

E quanto à bondade? Por que não considerar que, nesse contexto abrangente, o bem é simplesmente o real e efetivo conforme relacionado com o potencial? Ele é aquilo rumo ao qual o potencial é organizado e direcionado, aquilo que o preenche, completa e o concretiza. O bem, em outras palavras, é qualquer estado ou condição real das coisas que é a realização ou o cumprimento de algum estado prévio que era apenas potencial com respeito a ele.

Em uma visão assim existe claramente um sentido em que "bem" não é nenhum termo absoluto, pois qualquer coisa que seja boa é sempre boa para, ou de, ou com referência a, alguma outra coisa. Podia-se até mesmo seguir algum dos autores ingleses contemporâneos e dizer que "bem" não designa em absoluto uma "propriedade" das coisas – "propriedade" sendo uma qualidade como vermelhidão ou peso. Mas não se pode concluir disso que "bem" não seja, portanto, um termo descritivo. Antes, é um termo que sempre indica essa postura relacional das coisas, segundo a qual qualquer coisa que existe sempre pode ser comparada tanto com o que ela poderia ser, mas ainda não é, com o que anteriormente poderia ter sido, ou na qual poderia ter se tornado, mas que agora não é mais, tendo efetivamente nela se tornado.

"Mas", dirão vocês, "isso dificilmente pode ser uma autêntica explanação das coisas, pois as ciências naturais não consideram os fatos da natureza assim intimamente associados a valores, e com cada qual tendo seus próprios aspectos de valor ou relações de valor." Ao que a resposta é que, se a ciência escolhe separar-se ou não considerar, dos aspectos de valor das coisas ou da conexão de valor das coisas, isso é um privilégio da ciência; mas isso não significa que as coisas no mundo natural não estejam impregnadas de relações de potências com ações e de ações com potências, com o resultado de que nada no mundo natural, nenhum fato da natureza nunca está realmente separado de seus aspectos de valor. Valores estão sempre presentes na natureza se escolhermos procurar por eles.

Assim, para qualquer um que ache simplesmente incrível que fatos devam alguma vez implicar valores, ou que "é" devesse algum dia implicar "deve", nossa resposta é que é muito mais incrível que esses dois algum dia tenham estado separados, para início de conversa. Se não estamos enganados, o motivo pelo qual essa separação hoje passou a ser geralmente aceita, e até mesmo aparecer quase evidente, é que a tentativa de associar as duas é sempre levada a parecer uma exceção e uma anomalia. Acostumados como estamos a identificar o mundo natural com o universo científico, valores tendo sido excluídos totalmente e *a priori* do universo científico, não é surpreendente que devamos encarar como sendo de se esperar que a água corra morro abaixo não porque deva, mas simplesmente porque corre, ou que uma bolota se desenvolva em um carvalho não porque isso é melhor para a bolota, mas simplesmente porque é assim que a observação mostra que as bolotas de fato se comportam. De acordo com isso, quando, contra esse pano de fundo, passamos a considerar nossos valores humanos e os julgamentos de sucesso ou fracasso que, em nossas vidas cotidianas, fazemos sobre nós próprios e os outros, está fadado a parecer como se esses julgamentos dissessem respeito a alguma coisa fora da esfera da natureza.

Mas isso é alguma coisa mais do que uma simples distorção ou perda de perspectiva? Pois assim que examinamos a elaboração um tanto artificial do universo científico e consideramos o mundo vivido do cotidiano, onde as coisas em toda parte estão em processo de mudança e desenvolvimento, onde um tipo de coisa naturalmente muda ou amadurece de seu modo costumeiro, e uma outra coisa, a seu modo diferente, em que certas coisas têm suas capacidades e potencialidades, e outras as suas — uma vez que nos colocamos nesse contexto vivido de nossas vidas, então fins e objetivos, valores e propósitos, espécimes saudáveis e espécimes doentios, o perfeito e o imperfeito, o bom e o mau, tudo isso passa a ser reconhecido como coisas que são naturais, e não excepcionais ou anômalas. Não temos de nos desculpar e abrir espaço para as idéias de mudança e de valor, ou considerá-las conceitos válidos apenas com referência a nossos propósitos humanos. Ao contrário, o total da natureza está impregnado de valores; não podemos conceber o mundo natural como despido de valores, a não ser que o concebamos como despido de todos aqueles variados poderes, capacidades, potencialidades e habilidades que caracterizam os objetos da natureza. O bem de qualquer coisa está para essa coisa como o real está para o potencial.

Ao mesmo tempo, dever-se-ia observar que, uma vez que valores e "bens" são sempre valores e "bens" *para* alguma coisa, é compreensível que, como seres humanos, devêssemos estar quase exclusivamente interessados no que é valioso e bom para nós mesmos e para o homem. Por esse motivo — retornando ao nosso velho exemplo —, embora o carvalho maduro possa ser o bem da bolota, isto é, seu fim natural, não é, claramente, o fim natural do homem. Podemos escolher chamar uma árvore de "boa" porque isso serve a nossos propósitos humanos. Mas que ela deva ser algo bom ou de valor para a semente não-desenvolvida habitualmente não nos ocorre; nem devíamos nos inclinar, nesse contexto, a atribuir a ela termos como "bom" ou "valioso". Mas ela, não obstante, *seria* boa, se o bem for definido simplesmente como o perfeito com respeito ao imperfeito, o completo com respeito ao incompleto, o real com respeito ao potencial.

E que tal esse modo de definir "bem"? É, afinal, a definição correta? Não devemos ter nenhuma pretensão a certeza absoluta nesse respeito, certeza sendo sem dúvida algo inatingível por seres humanos finitos e falíveis. Além do mais, como deixamos claro em nossa oposição a Moore, essa definição de "bem" não é uma cujo oposto seja inconcebível ou autocontraditório. Mas é uma definição plausível, e muitos sinais indicam sua consistência. E também é baseada na suposição de que, embora fato e valor não sejam de modo algum a mesma coisa, são no entanto inseparáveis, pelo menos em certos respeitos. Se são inseparáveis, é um empreendimento de significado tentar descobrir o bem para o homem investigando a natureza do homem — ou, aliás, o bem de qualquer coisa investigando sua natureza.

CAPÍTULO VIII

O existencialismo e as afirmações do homem irracional

1. O EXISTENCIALISMO COMO PRESSUPONDO A MORTE DE DEUS

Muitos podem ainda se perguntar como a muito acadêmica precedente defesa do princípio aristotélico do bem pode servir como um meio de trazer Deus de volta dos mortos, na frase de Nietzsche. A linguagem muito exuberante de Nietzsche pode levar alguém a pensar que na era moderna morreu algo mais do que apenas a objetividade de valor.

Estivemos essencialmente interessados em demonstrar como moral e ética podem, afinal de contas, se basear nos fatos da natureza e em uma devida consideração pela natureza das coisas, particularmente a natureza do homem. Agora devemos voltar nossa atenção para uma contestação a essa afirmação, que emana não de pensadores ingleses contemporâneos, mas de pensadores que, por curioso que pareça, parecem ser totalmente estranhos aos ingleses — seus colegas do Continente. À falta de melhor termo, vamos nos referir a todos eles livremente como "existencialistas", por imprecisa que essa expressão possa ser em qualquer dado caso. Nossa discussão do "existencialismo" não será nem completa, nem exaustiva. Selecionaremos arbitrariamente certos temas existencialistas atuais, a fim de realçar o contraste, e também certos pontos de comparação, entre uma ética aristotélica do homem racional e a ética existencialista do homem irracional.

A ética do homem racional envolve como seu imperativo básico a simples injunção de ser racional, de viver inteligentemente, de exercer as virtudes intelectuais e morais. O pressuposto absoluto dessa ética da racionalidade e da vida examinada é a possibilidade de que um ser humano possa efetivamente vir a saber o que é a vida boa e o que lhe cabe fazer como ser humano. Mas esse conhecimento só é possível se houver certos valores objetivos na natureza — se Deus, na verdade, não morreu, mas está vivo.

Do ponto de vista existencialista, como o estamos muito arbitrariamente interpretando, não há nas coisas nenhum bem ou valor. A existência é essencialmente feia, sem sentido e absurda. O Sr. Barrett destacou isso habilmente por meio de um inteligente contraste entre a atitude religiosa medieval e a atual atitude existencialista:

> O declínio da religião é um fato muito mais concreto e complexo do que uma mera mudança na perspectiva consciente; penetra nos estratos mais profundos da vida psíquica total do homem... A perda da Igreja foi a perda de todo um sistema de símbolos, imagens, dogmas e ritos que tinham a validade psicológica da experiência imediata e dentro dos quais, até então, toda a vida psíquica do homem ocidental esteve contida em segurança. Ao perder a religião, o homem perdeu a ligação concreta com uma esfera transcendente do ser; ele foi posto em liberdade para lidar com este mundo em toda a sua bruta obje-

tividade. Mas ele estava fadado a sentir-se ao relento em um mundo assim, que não atendia mais às necessidades de seu espírito. Um lar é a estrutura aceita que habilmente contém a nossa vida. Perder o seu continente psíquico é ser largado à deriva, transformar-se em um ser errante sobre a face da terra. Daí em diante, ao buscar sua própria completude humana, o homem teria de fazer por si mesmo o que um dia era feito para ele, inconscientemente, pela Igreja, através do meio de sua vida sacramental.[1]

E mais uma vez, em relação a uma discussão de Faulkner, Barrett observa:

> A dada qualidade bruta e irracional do mundo transparece tão fortemente na técnica peculiar de Faulkner, que ele efetivamente demonstra, e não meramente declara, o sentido da citação da qual deriva seu título:
> "[Life] is a tale,
>   Told by an idiot, full of sound and fury,
>   Signifying nothing."*
> Shakespeare encaixa esses versos no contexto de uma tragédia razoavelmente bem feita, na qual o mal é destruído e o bem triunfa; mas Faulkner nos mostra o mundo a respeito do qual a afirmação de Shakespeare seria legítima; um mundo opaco, denso, irracional, que não poderia ter existido para Shakespeare, próximo como ele ainda estava do cristianismo medieval.[2]

A questão não precisa ser colocada, como Barrett a coloca, em termos religiosos. Ela pode ser entendida como puramente filosó-

---

[1] William Barrett, *Irrational Man*, Garden City, Nova York: Doubleday Anchor Books, 1958, pp. 21-22.

* "[A vida] é uma história, contada por um idiota / cheia de ruído e de fúria, / Que não significa nada." (*Macbeth*, V ato, cena 5). Desse famoso solilóquio de Macbeth, William Faulkner tirou o título — e a idéia básica — de seu romance *The Sound and the Fury* (N. do T.).

[2] *Ibid.*, pp. 45-46.

fica ou ética: por um lado, existe o que escolhemos chamar de ética do homem racional; por outro, uma ética na qual não pode ter nenhum significado a injunção de que um homem seja racional. Por que, nessa última alternativa, uma injunção assim é sem sentido? Não porque o homem não é um animal racional, mas porque a razão nada pode dizer ao homem sobre como e para que viver. A inteligência humana é impotente e inútil em um contexto ético porque nenhuma verdade ética pode ser encontrada em parte alguma do universo. Estudem a natureza como quiserem, e nada encontrarão que tenha uma implicação ética ou moral: não há ordem moral objetiva; donde a existência é sem sentido e absurda.

Não obstante, entre os existencialistas a suposta morte de Deus não levou a um completo ceticismo com respeito à ética, como parece ter sido o caso entre pensadores ingleses contemporâneos; em vez disso, no Continente a conseqüência parece ter sido a emergência de uma ética nova e diferente, uma ética do homem irracional. Como Sartre coloca, de forma muito comovedora:

> O existencialismo, ao contrário, acha extremamente constrangedor que Deus não exista mais, pois com Ele desaparece qualquer possibilidade de encontrar valores em um firmamento inteligível. Não pode mais haver nenhum bem *a priori*, uma vez que não há uma consciência infinita e perfeita para pensá-lo. Não está escrito em parte alguma que "o bem" existe, que se deve ser honesto ou não se deve mentir, uma vez que estamos agora no plano em que há apenas homens. Dostoievski certa vez escreveu: "Se Deus não existisse, tudo seria permitido"; e isso, para o existencialismo, é o ponto de partida. Tudo é de fato permitido, se Deus não existe e o homem, em conseqüência, encontra-se desamparado, pois não pode encontrar nada de que possa depender, ou dentro ou fora de si mesmo. Ele descobre, logo em seguida, que é inescusável. Pois se de fato a existência

precede a essência, nunca se poderá explicar suas ações por referência a uma dada e específica natureza humana; em outras palavras, não há determinismo nenhum – o homem é livre, o homem é liberdade. Nem, por outro lado, se Deus não existe, nos são dados quaisquer valores ou ordens que pudessem legitimar nosso comportamento. Assim, não temos nem por trás de nós, nem diante de nós, em uma luminosa esfera de valores, quaisquer meios, ou justificativa, ou desculpa. Fomos deixados sozinhos, inescusáveis. Isso é o que significa eu ter dito que o homem está condenado a ser livre. Condenado, porque ele não criou a si mesmo e no entanto está, mesmo assim, em liberdade, e, a partir do momento em que é atirado neste mundo, é responsável por tudo o que faz. O existencialista não acredita no poder da paixão. Ele nunca vai encarar uma grande paixão como uma torrente destruidora pela qual o homem é arrastado a certas ações como pelo destino e que, portanto, é uma desculpa para elas. Ele acha que o homem é responsável por sua paixão. Nem um existencialista achará que um homem pode receber ajuda por meio de algum sinal sendo enviado sobre a Terra para sua orientação: pois ele acha que o próprio homem interpreta o sinal como prefere. Ele acha que todo homem, sem nenhum apoio ou ajuda, está condenado, a cada instante, a inventar o homem. Como Ponge escreveu em um excelente artigo, "o homem é o futuro do homem". ... Se [isso] significa que, não importa o que o homem possa agora parecer ser, há um futuro a ser modelado, um futuro virgem que o aguarda – então é um dito verdadeiro. Mas, no presente, estamos desamparados.[3]

Sobre a questão fundamental de se Deus existe ou não, se existe uma base objetiva para a ética na natureza das coisas – sobre essa questão, talvez já tenhamos tido bastante o que dizer. Em vez de voltar a levantar essa questão, poderia ser mais interessante considerar certos outros aspectos da crítica existencialista da ética do

---

[3] Jean-Paul Sartre, "Existentialism Is a Humanism", in *Existentialism from Dostoyevsky to Sartre*, Walter Kaufman, org., Nova York: Meridian Books, 1958, pp. 294-95.

homem racional. Pois há um sentido no qual se poderia quase dizer que para o existencialista, mesmo que Deus ou uma ordem moral objetiva de fato existissem, ainda assim, se um ser humano tivesse que agir sobre esse conhecimento, o resultado seria uma personalidade humana que, aos olhos existencialistas, estaria longe de ser admirável e longe de ser autêntica.

2. A suposta antítese entre racionalidade e compromisso

Na passagem citada anteriormente, Sartre alude a um ponto interessante. Tendo mostrado como um ser humano anseia por uma ordem moral real "de que possa depender", quer seja "ou dentro ou fora de si mesmo", como ele deseja "algum sinal sendo enviado sobre a Terra para sua orientação", Sartre continua fazendo a observação de que, ainda que esse sinal existisse, "o próprio homem o interpreta como prefere".

Pelo menos parte do que Sartre quer dizer com isso é que, mesmo que houvesse uma ordem moral objetiva, ainda dependeria do ser humano individual escolhê-la e assumir responsabilidade por ela, comprometer-se com ela. De fato, sem esse ato de escolha ou de vontade, a obediência à lei moral não seria mais meritória do que a obediência à lei da gravidade. Em ambos os casos, ele pode saber qual é a lei, mas sua observância dela não seria uma questão de escolha, e daí certamente não uma questão de mérito. Mas se o valor e o mérito humano resultam não de saber o que precisamos fazer, mas de escolher fazê-lo, então o que conta moral e eticamente é não tanto a inteligência racional quanto a responsabilidade e a liberdade, no sentido de Sartre.

Henry B. Veatch

Como uma crítica de um tipo de ética aristotélica, isso envolve uma supersimplificação muito grave. Conforme insistimos em nossos primeiros capítulos, o objetivo aristotélico para o homem não é tanto ter conhecimento quanto escolher de acordo com esse conhecimento – não inteligência, mas ação inteligente. As virtudes morais envolvidas na escolha são pelo menos tão importantes quanto as virtudes intelectuais, se não forem mais. A ética do homem racional é uma ética do homem que escolhe livremente, embora ele tenha a responsabilidade de escolher inteligentemente. Donde a posição ética que estivemos defendendo parece ter muito em comum com certos temas existencialistas.

Um mal-entendido semelhante com freqüência leva pensadores existencialistas a distinguirem sua ética do que eles encaram como sendo a ética do homem racional. Assim que se enfatizam a importância da razão e da inteligência na vida humana e a existência de algum tipo de ordem ou valores objetivos, fica-se sujeito a ser acusado do que Kierkegaard chamaria de sacrificar a subjetividade pela objetividade.

> A tendência objetiva, que propõe fazer de todos um observador e, no seu máximo, transformá-lo em um observador tão objetivo que ele se torna quase um fantasma, mal se distinguindo do formidável espírito do passado histórico – essa tendência natural recusa-se a saber de ou a prestar atenção em qualquer coisa, exceto o que se encontra em relação com ela própria. Se alguém tem a boa sorte de poder ser útil dentro da dada pressuposição, contribuindo com um ou outro tipo de informação com respeito a uma tribo talvez até agora desconhecida, a qual deve receber uma bandeira e um lugar na seqüência de tópicos noticiosos; se, dentro da dada pressuposição, tem-se a competência de atribuir à China um lugar diferente daquele que ela até agora ocupava na procissão sistemática – nesse caso se é considerado bem-vindo. Mas tudo mais é conversa fiada de escola de teologia. Pois é

encarado como coisa estabelecida que a tendência objetiva na direção da contemplação intelectual é, no novíssimo uso lingüístico, a resposta "ética" à pergunta do que eu "eticamente" tenho de fazer... A pergunta que eu faria é esta: *Que conclusão se forçaria inevitavelmente sobre a Ética, se o tornar-se um sujeito não fosse a tarefa mais elevada com que um ser humano se confronta?*[4]...

A única realidade para com a qual um indivíduo existente pode ter uma relação que seja mais do que cognitiva é sua própria realidade, o fato de que ele existe; essa realidade constitui seu interesse absoluto. O pensamento abstrato exige que ele se torne desinteressado, a fim de adquirir conhecimento; a exigência ética é que ele se torne infinitamente interessado em existir.

A única realidade que existe para um indivíduo vivente é sua própria realidade ética. Com respeito a qualquer outra realidade, ele se encontra em uma relação cognitiva.[5]...

Afirmar a supremacia do pensamento é gnosticismo; fazer da realidade ética do sujeito a única realidade pode parecer ser acosmismo. A circunstância de que assim parecerá a um pensador atarefado que explica tudo, uma mente arguta que rapidamente examina o universo inteiro, prova meramente que esse pensador tem uma noção muito humilde do que o ético significa para o sujeito. Se a Ética tivesse que tirar o mundo inteiro desse pensador, deixando-o conservar seu próprio eu, ele provavelmente iria encarar uma ninharia dessas como não valendo a pena conservar e a entregaria com o resto — e então torna-se acosmismo. Mas por que ele faz tão pouco caso de seu próprio eu? Se o que querem dizer fosse que ele devia entregar o mundo inteiro a fim de se contentar com a realidade ética de outra pessoa, ele estaria justificado em encarar a troca como prejuízo total. Mas sua própria realidade ética, por outro lado, devia significar mais para ele do que "céus e terra, e tudo que lá existe", mais do que os seis mil anos de história humana, mais do que tanto a astrologia quanto a ciência veterinária ou seja lá o que a época pede, o que é tudo, estética e intelectualmente, uma enorme vulgaridade.[6]

---

[4] *Kierkegaard's Concluding Unscientific Postscript*, trad. David F. Swenson e Walter Lowrie, Princeton, N. J.: Princeton University Press, 1944, pp. 118-19.
[5] *Ibid*, p. 280.
[6] *Ibid*, p. 305.

Considerem por um minuto essas amostras de eloqüência e sátira kierkegaardiana: existe alguma incompatibilidade radical entre o que Kierkegaard está pregando aqui e o ensino ético de Aristóteles, como o interpretamos? Em nosso primeiro capítulo estávamos exatamente tão interessados quanto Kierkegaard em depreciar e até mesmo zombar do conhecimento acadêmico contemporâneo, que sempre parece fazer pouco mesmo por aquele que conhece. Concentramo-nos em um tipo mais elevado de conhecimento, que podia ser equiparado ao "Conhece-te a ti mesmo", de Sócrates: um conhecimento que poderia mostrar-nos "o caminho", um conhecimento "salvador" para o próprio sujeito humano.

3. Mas por que não um compromisso racional?

Parece não haver incompatibilidade entre conhecimento desse tipo e o que Kierkegaard chama de "um interesse infinito em existir", um interesse absoluto em sua própria realidade ética. Iríamos ainda além, dizendo que o próprio homem que, para usar as palavras de Sartre, está voltado para "encontrar valores em um firmamento inteligível", que está determinado a encontrar algo "de que dependa, ou dentro ou fora de si mesmo", cujo interesse é descobrir "valores ou ordens que possam legitimar nosso comportamento" — um indivíduo assim, sugerimos, é perfeitamente capaz de tomar consciência de que "o tornar-se um sujeito" é " a mais elevada tarefa com que um ser humano se confronta".

Talvez o próprio Kierkegaard não discordasse inteiramente. Lembrem-se de que em uma passagem anteriormente citada, falando de Sócrates e do conhecimento socrático, ele disse: "Esse tipo de conhecimento comporta uma relação com o sujeito existente, que está infinitamente interessado em existir."[7]

Suponham agora que colocamos essa declaração de pé e afirmamos que *somente* pelo conhecimento de uma objetiva ordem moral de valores pode um "sujeito existente" cumprir adequadamente a tarefa de "tornar-se um sujeito" ou partir para satisfazer seu "interesse infinito em existir". Disso Kierkegaard com toda certeza discordaria, assim como qualquer existencialista. Eis aqui a real controvérsia entre o existencialismo e a ética aristotélica. A controvérsia não é, como os existencialistas muitas vezes gostariam que fosse, entre objetividade impessoal, desinteressada, de um lado, e uma subjetividade comprometida do outro. Nem é uma controvérsia entre saber e fazer, ou entre um mero entendimento distanciado e uma escolha efetiva. A controvérsia é se se pode alguma vez escolher corretamente sem conhecimento — se pode um dia haver uma tomada de compromisso adequadamente humana com o que não é justificado à luz do conhecimento e do entendimento. Pois, como encontramos Aristóteles insistindo no primeiro livro da *Ética*, uma vida característica e autenticamente humana só pode ser uma vida inteligente.

Mas isso significa que o tipo aristotélico do homem racional não é nenhum outro senão o que alguns existencialistas chamariam depreciativamente de "o homem sério". Como um recente autor sobre Sartre expressou, o que Sartre chama de "o espírito de seriedade"

> consiste em querer que valores morais não dependam de uma escolha humana, mas que sejam ditados por uma "lei natu-

---

[7] *Ibid*, p. 281.

ral", por acaso, ou por ordens divinas. Alguma coisa seria boa ou má como se fosse preta ou branca. O homem que se refugia no espírito de seriedade tenta esconder de si mesmo que é a liberdade humana que decide sobre valores morais. Ele tenta ignorar que, se o homem não é o criador do ser, ele é pelo menos o inventor dos valores morais. O homem que se refugia no espírito de seriedade tenta se evadir à responsabilidade moral.[8]

Melhor ainda é a exposição do "homem sério" do próprio Kierkegaard:

> O homem sério continua: se ele fosse capaz de conseguir certeza com respeito a esse bem, de forma a saber que ele realmente existe, arriscaria tudo em nome dele. O homem sério fala como um gaiato; fica bastante claro que ele quer nos fazer de tolos, como o recruta raso, que dá uma corrida para pular dentro d'água, e de fato se prepara com uma corridinha – mas na hora não pula. Quando a certeza existe, ele está disposto a arriscar tudo. Mas, e aí, o que significa arriscar? Um risco é o correlato exato de uma incerteza; quando a certeza existe, o risco torna-se impossível. Se nosso homem sério conseguir a certeza definida que ele busca, ficará incapaz de arriscar tudo; porque, mesmo que abra mão de tudo, ele, nessas circunstâncias, não estará arriscando nada – e se ele não conseguir a certeza, nosso homem sério diz com toda sinceridade que se recusa a arriscar qualquer coisa, uma vez que isso seria loucura. Desse modo, o risco de nosso homem sério torna-se meramente um falso alarme. Se o que eu espero ganhar ao me arriscar é certo, eu não me arrisco, nem me aventuro, mas faço uma troca. Assim, dando uma maçã por uma pêra, não corro risco nenhum se seguro firme a maçã enquanto estou fazendo a troca.[9]

---

[8] Robert Champigny, *Stages on Sartre's Way*, Bloomington: Indiana University Press, 1959, p. 5.
[9] *Kierkegaard's Concluding Unscientific Postscript*, p. 380.

À luz de passagens como essa, podemos apresentar uma formulação muito simples do contraste entre a ética aristotélica do homem racional e uma ética existencialista do homem irracional:

> Aristóteles: ser humano (i. e., tornar-se subjetivo) é agir e escolher, mas sempre à luz do conhecimento e do entendimento.
> Os existencialistas: tornar-se subjetivo (i. e., ser autenticamente humano) é agir e escolher, mas na ausência de conhecimento e entendimento.

No último ponto de vista, o ônus da ética não pesa sobre a inteligência, mas sobre o que na terminologia mais antiga se chamaria a vontade. Uma vez que os existencialistas consideram que Deus morreu, o exercício autêntico da vontade deve acontecer diante mesmo desse fato, na consciência de que não existem Deus,* nem ordem objetiva de valores, nem motivo ou base em absoluto para a ética no antigo sentido. De fato, fazer escolhas e tomar decisões como se houvesse um Deus e como se suas escolhas pudessem portanto ser inteligentes e racionais — isso só poderia ser mostra de má-fé, porque não há Deus e conseqüentemente não pode haver esse negócio de homem racional ou de vida examinada.

O que se pode dizer a tudo isso? Talvez quanto menos se disser, melhor. E, no entanto, queremos dizer pelo menos mais uma coi-

---

* A essa altura, deveria estar muito óbvio que nossa anterior adoção do *slogan* "Deus morreu" como sendo o lema do existencialismo pareceria muito injustificada no caso de Kierkegaard. Pois Kierkegaard é não só um existencialista religioso, mas um existencialista cristão. No entanto, o *slogan* pode parecer adequado até mesmo com respeito a Kierkegaard, assim que se recorda que, nele, a morte de Deus é interpretada como sendo equivalente à negação de qualquer tipo de ordem moral objetiva na natureza. E Kierkegaard teria sido o primeiro a apoiar a negação de qualquer ordem assim, por mais que pudesse desagradar-lhe rotulá-la de "a morte de Deus".

sa. Propomos relembrar uma idéia que defendemos em nossa refutação anterior do relativismo, a fim de demonstrar que talvez os existencialistas caiam em uma incoerência semelhante.

Para tornar-se um "sujeito" no sentido de Kierkegaard, ou ser livre no sentido de Sartre, não é preciso enfrentar as realidades da situação humana; não se deveria botar de lado toda tentação à má-fé e reconhecer resolutamente o fato de que Deus morreu? Ainda assim, isso deve certamente envolver um certo entendimento, um conhecimento de qual é a realidade. O conhecimento e entendimento envolvido serão um conhecimento moralmente relevante, um conhecimento que indica o que devíamos fazer e quais são nossas responsabilidades à luz dos fatos. Esse conhecimento nos revelará quais são nossos autênticos valores humanos, mesmo que não haja ordem moral na natureza. Em suma, não deveria a dialética mesma da posição deles prender os existencialistas à lógica do "Conhece-te a ti mesmo" e à da vida examinada e, em última análise, à ética do homem racional?

4. Conclusão: sobre "fazer o que vem naturalmente"

Ainda assim, não é por nenhum argumento dialético desses que os existencialistas vão receber uma resposta efetiva. Supondo que a lógica oculta de sua posição os compromete com uma espécie de teoria investida e disfarçada da natureza humana, que mal será suficiente para restabelecer de um só golpe a ética tradicional do homem racional. O problema é que a noção mesma de natureza humana, e de natureza de modo geral, aparentemente tornou-se azeda para a maioria dos pensadores éticos modernos, não só para os existencialistas, mas para os utilitaristas, para os relativistas, para aqueles encantados pela falácia naturalista, para quase todo mundo, na verdade. Por esse motivo, ninguém pensa mais em voltar-se para a natureza e em tentar descobrir na natureza modos de vida como os que são exigidos por nossa natureza como homens.

Mas e se o homem bom é simplesmente o homem que tem senso bastante para ser natural, que conseguiu alcançar um conhecimento de si mesmo, como Sócrates diria, e que está disposto a apenas ser ele mesmo? Esse homem não seria atingido pela atual doença de achar que deve estar sempre fazendo uma pose ou interpretando um papel. Ele não seria assombrado por nenhuma convicção do seu próprio nada, impelindo-se furiosamente a estar sempre reinventando-se, ou ultrapassando-se, ou autenticando-se à maneira de algum imaginado *Übermensh* [Super-homem] nietzschiano. Nem se deve supor que a única alternativa a esse tipo de liberdade desesperada, brotando da ficção de seu próprio nada, é a vida de complacência, letargia e conformismo. Mais do que qualquer coisa desse tipo, a vida natural para um ser humano não pode ser senão a vida examinada, a vida em que se chega a conhecer a si próprio como um ser humano e, em e por meio desse conhecimento, se chega a ser si próprio.

Assim mesmo, palavras como essas parecerão sem dúvida apenas desconcertantes ao chamado homem culto de hoje. "Como pode essa conversa toda de vida examinada adornar-se com apelos à natureza e ao natural?", ele dirá. "Por que possível esforço de imaginação se pode querer que a vida de um Sócrates seja algo mais natural que a de um Nightingale, e que significado possível se pode atribuir à recomendação de que nos voltemos para a natureza para descobrir qual é para nós a vida boa e a vida natural?"

Henry B. Veatch

Mais uma vez, protestos desse tipo brotam desse que é o mais arraigado dos preconceitos modernos, o de identificar a natureza com o universo científico e a investigação da natureza com os procedimentos da ciência moderna. Para refutar esse preconceito, só se pode reiterar que, embora em sua condição de cientistas os homens possam alcançar um conhecimento da natureza que é literalmente ilimitado em sua própria dimensão, no entanto, com respeito a outras dimensões, esse conhecimento científico da natureza é tanto limitadamente definido quanto rigorosamente restrito, não meramente de fato, mas em princípio. Não é óbvio que os homens meramente como seres humanos podem, pelo exercício de sua inteligência, causar uma espécie de entendimento de bom senso de sua própria natureza e do mundo em que vivem, que é diferente do conhecimento científico, e para o qual o conhecimento científico não é nenhum substituto?

Tomemos uma ilustração. Cerca de oito anos atrás apareceu em uma série popular de manuais universitários um breve ensaio de um psicólogo contemporâneo, intitulado *The Natural Man* [O homem natural].[10] Quando o leitor vira a capa e olha só para ver exatamente quem ou o que é o homem natural, do ponto de vista da psicologia científica, descobre-se que o autor tem grande dificuldade para encontrar quaisquer exemplos de uma criatura aparentemente tão rara. Mas afinal, após alguma hesitação e reticência e com não poucas desculpas pelo fato de os exemplos estarem longe de perfeitos, o autor sugere que os melhores exemplos de homens naturais são os chamados homens-feras — o menino selvagem de Aveyron, o garoto de Nuremburg, ou os meninos-lobos da Índia.

---

[10] Clarence Leuba, *The Natural Man*, Garden City, N. Y.: Doubleday and Co., 1954.

Ora, para o pobre filósofo moral que está tentando apresentar a vida natural do homem como sendo o modelo de vida boa, essa versão científica do natural pode bem vir a ser um choque brutal. Mas, considerando melhor, podemos ver que o autor-psicólogo está simplesmente excluindo de seu conceito de natureza do homem todos aqueles traços e qualidades que os seres humanos vieram a ter como resultado de influências sociais ou culturais. Semelhantemente, ele está excluindo qualquer coisa que os seres humanos possam ter vindo a ser como resultado do exercício de sua inteligência e em virtude de seus próprios planos, propósitos e desígnios. Acha-se que essas coisas representam acréscimos aos dons nativos e naturais dos homens,[11] daí deverem ser abstraídas, ou esquecidas, caso se queira algum dia vir a entender o natural no homem como tal.

Indubitavelmente, esse modo de conceber o que é natural ao homem é não só significativo mas totalmente adequado aos interesses científicos especiais do autor. E, no entanto, de um outro ponto de vista, não é igualmente óbvio que o modo de existência dos meninos-lobos da Índia não é o que comumente chamaríamos de o modo de vida natural para um ser humano, assim como não consideraríamos que a infelicidade, a paralisia ou a insanidade fossem a condição natural do homem? Ao contrário, o homem sendo um animal racional ou inteligente por natureza, pode-se presumir que a vida natural para um ser humano será algum tipo de vida

---

[11] Para satisfazer as exigências do pedantismo, talvez se devesse observar que essa insistência em distinguir o natural do artificial é caracteristicamente aristotélica. Cf. Aristóteles, *Física*, Livro II, cap. I, 192b 8-32). Ao mesmo tempo, Aristóteles não aplicaria essa distinção à esfera da ação moral humana exatamente do modo que o professor Leuba parece estar sugerindo que seja feito.

Henry B. Veatch

racional ou inteligente, tal como o homem sendo por natureza um animal político[12] pode-se presumir que a vida natural para ele será em algum tipo de ambiente político e cultural. E tal como certamente reconheceríamos que o modo de vida do menino selvagem de Aveyron era inequivocamente uma existência não-natural e até bestial para um ser humano, assim também, por extensão e *mutatis mutandis*, certamente diríamos que a vida de um Nightingale, ou de um Shaftesbury, ou de Sir Walter Elliott, era uma existência humana insensata, ou infeliz, ou desperdiçada. Além do mais, o padrão de nosso julgamento nesses últimos casos não é diferente de nosso padrão no primeiro; é uma consideração pelas potencialidades da natureza do homem como homem que nos leva a dizer de um Nightingale não menos do que de um homem-fera, que ele de alguma forma fica aquém de suas capacidades humanas naturais, que ele não consegue ser plena e autenticamente humano.

Visto sob essa luz, "fazer o que vem naturalmente" deve necessariamente assumir um significado muito diferente. Em vez de uma Annie com sua arma ser nossa óbvia orientadora nessas questões, seria melhor que fossem um Platão ou um Aristóteles nossos explicadores. E em vez de personagens como Tio Jed e Vô Bill nos servirem de modelos nesse negócio de fazer o que vem naturalmente, por que não buscarmos um Sócrates?

---

[12] Cf. Aristóteles, *Política*, Livro I, cap. 8, 1253a 3.

Sumário analítico

1. EM BUSCA DO CONHECIMENTO ÉTICO
   1. O que é ética?, 41
   2. Por que não considerar a ética uma arte de viver?, 43
   3. Mas viver é algo que se pode aprender como fazer?, 44
   4. Os jardins da academia: o divórcio entre aprender e viver, 45
   5. Não é um paradoxo que "aprender" nunca pareça ser aprender a viver?, 47
   6. Não há como escapar a esse paradoxo?, 51
   7. Uma saída atualmente aceitável e perigosamente acrítica: um reconhecimento de comportamento, 52
   8. Devemos abandonar a esperança de que a ética possa ser uma arte ou uma ciência?, 56
   9. De volta a Matusalém e abaixo o relativismo, 58
   10. As dificuldades lógicas de se pretender um conhecimento factual em questões de ética, 60
   11. A refutação do relativismo, 63

2. A VIDA EXAMINADA: DE VOLTA A SÓCRATES E ARISTÓTELES
   1. Reorientação e recomeço, 75
   2. O homem não tem um fim natural?, 77
   3. Qual é, então, o fim natural do homem?, 82

4. Primeira objeção: isso não passa de um monte de
banalidades óbvias, 84
5. Segunda objeção: o que a inteligência tem
a ver com ser um homem bom?, 87
6. A vida boa é equivalente à vida feliz, 99
7. Uma terceira objeção: as provas da ciência moderna
deixam de confirmar essa visão do homem e de seu fim natural, 102

3. Por que não encarar a moral e a ética simplesmente como uma arte de viver?
1. A virtude como habilidade ou *know-how*, 111
2. Os sentimentos, afetos e emoções humanos como
aquilo com respeito a que as virtudes humanas são exercidas, 112
3. Mas o que são "sentimentos", "afetos", "emoções"
e "inclinações"?, 119
4. Uma possível classificação de desejos e emoções,
de acordo com suas respectivas funções termostáticas, 121
5. As limitações desses controles termostáticos de nossas ações e
reações, e o papel das virtudes em compensar essas limitações, 123
6. Uma possível ilustração de como essas virtudes às
vezes operam: a doutrina de Aristóteles do meio-termo, 125
7. Uma ilustração mais específica; a virtude do respeito próprio
e um justo senso de dignidade e responsabilidade pessoal, 127

4. Por que a moral e a ética não são simplesmente uma arte de viver?
1. A ética é realmente uma arte?, 137
2. A incerteza da ética como comparável à incerteza em
qualquer arte: a arte lida com o particular e o individual, 139
3. Mas a ética não é uma arte, pelo menos não
como as outras artes, 141

Henry B. Veatch

4. Ser um homem bom é diferente de ser bom em alguma coisa: fazer é mais do que saber, 142

5. Ser um homem bom é diferente de ser bom em alguma coisa: escolher é mais do que fazer, 143

6. A distinção aristotélica entre virtudes morais e virtudes intelectuais, 145

7. O homem bom não é nenhum tolo: não há virtude moral sem virtude intelectual, 146

8. Mas não foi exatamente aí que chegamos dois capítulos atrás?, 148

9. Dúvidas e mais dúvidas: pode-se algum dia esperar que a moral se baseie, em última análise, no conhecimento?, 149

10. Em defesa da racionalidade: o fim ou objetivo do homem é racionalmente defensável, 152

11. Em defesa da racionalidade: o fim ou objetivo racionalmente defensável do homem é ser racional, 153

12. Como se pode dizer que aquilo que é moralmente errado é um engano ou um erro, 155

13. O que é saber ou não saber a verdade sobre si mesmo?, 156

14. Erro moral e erro intelectual – iguais e ainda assim diferentes, 158

5. FRACASSO E INFELICIDADE: SÃO ELES DE NOSSA PRÓPRIA RESPONSABILIDADE?

1. Fracasso humano, sua natureza e causas, 161
2. A ignorância é uma desculpa?, 162
   a. Ignorância dos fatos, 163
   b. Ignorância da lei, 166
3. O que vem primeiro, a ignorância como causa de fracasso moral ou a fraqueza moral como causa da ignorância?, 177
4. O problema complicado de Platão: virtude não é senão conhecimento, e vício não é senão ignorância, 178
5. Não há como superar o argumento de Platão?, 181

6. Uma possível resposta a Platão, 183
7. Implicações com respeito à responsabilidade humana, 186
8. A responsabilidade humana como envolvendo a liberdade humana, 187
   a. Juízos de valor como livres julgamentos, 188
   b. Livres julgamentos e livres escolhas, 191

6. MÁ SORTE E A FORÇA DAS CIRCUNSTÂNCIAS COMO AS CAUSAS DO FRACASSO
   1. Mas como podemos ser culpados se não somos nós que fazemos de nós o que somos?, 195
   2. A questão do determinismo científico – uma pista falsa da ética?, 196
   3. A força das circunstâncias: ela nos determina ou só nos desafia?, 203
   4. O problema moral transposto para um contexto legal, à guisa de ilustração, 206
   5. Mais uma vez de volta do direito à ética, 209
      a. Afinal, estamos entregues a uma mera ética de boas intenções?, 213
      b. Mas a vida boa deve ser uma vida inteligente, e não apenas uma vida bem-intencionada, 215
   6. Uma dúvida final quanto à nossa liberdade e responsabilidade diante de circunstâncias adversas, 217
   7. Ainda mais uma dúvida, desta vez quanto à felicidade: a vida boa é necessariamente a vida feliz?, 219

7. MAS E SE DEUS MORREU?
   1. Introdução, 223
   2. Utilitarismo, 224
      a. A indiferença do utilitarismo a questões relativas a uma base objetiva para a ética, 224
      b. O altruísmo como uma pista falsa da ética, 225

c. As insuficiências de tentar conceber a felicidade
   separadamentede qualquer critério objetivo, 229
3. G. E. Moore e o problema da falácia naturalista, 232
   a. Sofisticação filosófica e utilitarismo, 232
   b. A falácia naturalista: a tentativa de transformar
      o meramente natural no bem, 233
   c. Da conceptibilidade do oposto como o critério da
      falácia naturalista, 236
   d. A falácia naturalista captura seu próprio inventor, 238
   e. Onde Moore errou o caminho, 240
   f. A falácia naturalista como uma fonte de ceticismo, 243
   g. O velho bicho-papão da separação entre fato e valor;
      vamos acabar logo com isso, 245

8. O EXISTENCIALISMO E AS AFIRMAÇÕES DO HOMEM IRRACIONAL
   1. O existencialismo como pressupondo a morte de Deus, 251
   2. A suposta antítese entre racionalidade e compromisso, 256
   3. Mas por que não um compromisso racional?, 259
   4. Conclusão: sobre "fazer o que vem naturalmente", 263

Índice remissivo

Obs.: O "n" indica o número da nota de rodapé; quando não seguido por número, a nota é referenciada por asterisco.

A

Absalom and Architophel (Dryden), 114n2
absolutismo, 66
Admirável Mundo Novo (Huxley), 56n6, 230, 231n7
adversidade: como explicação do fracasso, 195-96; e felicidade, 219-22; e o livre arbítrio, 203-06, 209
altruísmo em utilitarismo, 224-29
Analysis of Mind, The (Russell), 199n1
Apology (Platão), 174n3
Aristóteles, 137n1, 220n5, 267n12; (citado): ao que visa o comportamento, 78; contemplação, 96-98; e o bem, 82-83; e o divino, 98n; e o fazer, 160; felicidade/adversidade, 220-22
arte: analogia com habilidade, 43-48, 111-12, 137-41
astronomia, exemplo da, 59
atitudes (contra), 122
atitudes (pró), 122
Austen, Jane, 128, 129n10, 158
auto-aperfeiçoamento: como fim natural, 17, 77-82; definição, 13-14; e felicidade, 99-102; papel do indivíduo, 20
autoconhecimento: a busca de Sócrates, 50-52; como propósito humano, 82-84, 92, 94-98; comparado com a barganha ignorância/contentamento, 84-87; contribuição da ciência, 52-56;

e erros emocionais, 112-19, 155-60; e ética individual, 20-21; e exemplos de "homens de ação", 149-53; e existencialismo, 259-64; e felicidade, 99-102; e sabedoria prática, 18-20;
Ver também inteligência; razão
autodepreciação, 130-36
auto-estrada de Nova Jersey (New Jersey Turnpike) exemplo da, 165
auto-respeito, 127-36, 147
auto-responsabilidade, argumentos da: a escolha como conhecimento, 177-83; circunstâncias, 195-96, 203-06, 217-19; desculpas baseadas em ignorância, 162-77; determinismo científico, 196-03; liberdade de escolha, 183-94

B

Barrett, William, 31, 252, 253, 253n1
bem/bondade: como fim natural, 77-82, 99-102, 153; e felicidade, 99-102; e o argumento da falácia naturalista, 233-40, 242-43; natureza definível, 16; papel da razão, 17-18, 82-84, 87-99, 153-55; potencial *versus* real, 245-50; saber *versus* fazer, 142-45
Benedict, Ruth, 65, 65n7, 66n, 67-72
Bentham, Jeremy, 224
bolota de carvalho, exemplo da, 79-82, 101, 196
Butler, Bispo, 236, 237, 241
Butler, James, conde de Ormonde, 172

C

caráter: e conhecimento, 45-47; e inteligência, 87-98, 148; e virtude moral, 19
carpinteiro, exemplo do, 144
Champigny, Robert, 261n8
Charles I, 117, 119, 156, 159, 173
ciência: como conhecimento, 44-45; e funções humanas, 14-15, 52-56; e o homem "natural", 264-66; irrelevância para a ética, 52-54, 61-63, 102-04, 139-41; motivações para estudá-la, 47-49
circunstâncias: como desafio moral, 203-06; como explicação do fracasso, 195-96; comparações jurídicas, 206-09; e sabedoria prática, 18-20
cirurgião, exemplo do, 140

comparações legais: circunstâncias como explicações, 206-15; ignorância como desculpa, 162-77

Concluding Unscientific Postscript (Kierkegaard) 47n1, 94n5, 258n4, 261n9

conhecimento: e a teoria da virtude de Platão, 178-87; e caráter, 45-47; e virtudes morais, 145-48, 155-60; *Ver também* conhecimento ético, abordagens de estudos; ciência; autoconhecimento

conhecimento ético, abordagens de estudos: análise da linguagem, 33-34, 41-43; arte/habilidade, analogia de, 43-48, 111-13, 137-41; científico, 52-56, 104-05; experiência humana, 77-84, 107-09; incertezas resumidas, 47-52, 56-57, 75-77, 102-04; relativismo, 58-73; utilitarismo, 224-33; *Ver também* existencialismo e ética; argumento da falácia naturalista; autoconhecimento

coragem, 19, 144, 146-48, 151

D

Das Leis do Estado Eclesiástico (Hooker), 14

determinismo científico, 196-03

Deus: "morreu", argumento de que, 223-24; e ética da racionalidade, 251-52; e existencialismo, 251-56, 262-63

"deve" versus "é", 60-63

Diálogos (Platão), 137

Dialogues of Plato, The (Jowett), 172n1

Dickinson, Lowes, 102, 102n10

dignidade, 127-36, 148

direção de um automóvel, exemplo da, 42, 165

Diuturna (Mussolini), 67n11

doutrina do meio-termo, 125-27

Dryden, John, 113

E

Education of Henry Adams, The (Adams), 150n4

Elliott, Sir Walter (personagem de Austen), 128-29, 134, 156, 158, 267

emoções: e inteligência, 112-20, 123-27; e virtudes morais, 19; em argumentos de responsabilidade própria, 166; exemplo do respeito próprio, 127-36; significado, 121-24; variedade, 119-21 erros de comportamento: como experiência, 44; e utilitarismo, 229-32; em artes *versus* ética, 137; moral *versus* espiritual, 155-60; por confusão emocional, 112-19

escolha: a partir da sabedoria prática, 18-20; argumento de Platão do conhecimento, 178-87; no relativismo, 70-73; saber comparado à, 145-47, 148, 160; *Ver também* livre arbítrio

escravidão, exemplo da, 62

estados totalitários, 56, 232

estímulo-reação, explicações, 196-200

Ethics (Nowell), 122n8

Ethics and Language (Stevenson), 33n

Ethics of Aristotle, The (Thompson), 137n1

Ética a Nicômaco (Aristóteles), 137n1, 160n6, 220n5

ética do "aprendizado", argumentos da, 43-52, 111-12, 137-39

ética individual *versus* ética social, 35

ética social, 35, 228

EUA *vs* Holmes, 209

eudaimonia, 13, 17; *Ver também* bem/bondade

existencialismo e ética: argumento da subjetividade/objetividade, 257-63; livre arbítrio, 255-56; o papel de Deus, 251-55, 262-63

Existentialism from Dostoyevsky to Sartre (Kaufman), 255n3

F

falácia naturalista, argumentos da: criticados, 243-44; descritos, 233-38; usos modernos, 243-44

Falstaff, 175, 176

fatos: como argumento do relativismo, 58-63, 76; como valores, 15, 245-50

Faulkner, William, 253, 253n

fazer *versus* pensar, 149-54

fazer *versus* saber, 143-45

felicidade: com a contemplação, 95-97; como bem, 99-102; e adversidade, 219-22; e estados totalitários, 56, 232; no utilitarismo, 224-27, 229-32

florescimento humano: definido, 17-18; papel do indivíduo, 19-20

fracasso, causas, 161-62; *Ver também*

auto-responsabilidade,
argumentos da
Freedom Forgotten and Remembered
(Kuhn), 67n11
Fromm, Erich, 130, 132, 132n11
funções: naturais, 14-15, 82-84;
perspectiva científica, 53-56,
196-99

G

General Principles of Criminal Law
(Hall), 208n3
Greek View of Life, The (Dickinson),
102n10

H

habilidade/arte, analogia, 43-48,
111-12, 137-41
hábitos como virtudes morais, 20,
145-48, 216
Hall, Jerome, 208n3
Henry, Adams, 150, 150n4
homem-fera, 265-67
Homem Racional, O (Barrett), 22,
31, 253n1
"homem sério", 260-61
honestidade, 19, 131,
144-45, 170, 176
honra/reputação, 90-94
Hooker, Richard, 14

Huxley, Aldous, 56, 56n6, 230,
231n7

I

ideal *versus* real, 60-63
ignorância, desculpas baseadas em:
contexto legal *versus* moral,
162-77; virtude de Platão
comparada com a teoria do
conhecimento, 178-87
ignorância/contentamento (a
barganha), 85-87
impulsos, *Ver* emoções
individualidade e
autoconhecimento, 19-21
inteligência: como ferramenta de
descoberta, 17, 19-20, 152; e
caráter, 87-99, 147; e emoções,
112-19, 123-27, 135; e
virtudes morais, 145-48, 216,
257; *Ver também* razão
intenção, argumento da, 215-16
Introduction to Realistic Philosophy
(Wild), 121n7, 128n9

J

Johnson, Samuel, 175, 200, 201
Jowett, Benjamin, 172n1

K

Kaufman, Walter, 255n3

Kierkegaard, S., 47n1, 53, 94, 94n5, 98n, 257, 258n4, 259, 260, 261, 261n9, 262n, 263
King's War, The (Wedgwood), 117n4, 173n2
Krutch, Joseph Wood, 176n4
Kuhn, Helmut, 67n11

L

lei natural, definição, 13
Leuba, Clarence, 265n10
livre arbítrio: como responsabilidade própria, 183-94; e circunstâncias, 206-09, 217-19; e determinismo científico, 196-03; e existencialismo, 256-59

M

Macbeth (Shakespeare), 253n
Man for Himself (Fromm), 132n11
Marcel, Gabriel, 54, 55n5, 56
marceneiro, exemplo do, 143
Masters, The (Snow), 116, 116n3
megalopsychia, 128, 147
mercado: analogia com o, 130-32
Merleau-Ponty, Maurice, 108, 109n12
metroviário, exemplo do, 54, 56, 230

Mill, John Stuart, 225-26, 227n2, 231-32, 232n8
Moore, G.E., 227, 227n3, 232n9, 234-39, 241, 243; *Ver também* argumento da falácia naturalista
More, Paul Elmer, 2012n
mundo acadêmico, 45-48, 91-93
Mussolini, Benito, 22, 67, 67n11, 70-72

N

Natural Man, The (Leuba), 265n10
natureza humana: como fonte de conhecimento ético, 20-21, 77-82, 107-09; razão como essência, 82-87, 152-55
naufrágios, como exemplos, 207-08, 209-17
Nietzsche, Friedrich, 174, 223-24, 224n1, 244, 251
Nightingale (personagem de Snow), 116, 156, 159, 264, 267
Nowell, P. H., 122n8
objetividade e relativismo, 60-63

P

paixões: *Ver* emoções
Patterns of Culture (Benedict), 65, 65n7
pensar *versus* fazer, 149-53

perfeição, *Ver* autoperfeição
Persuasion (Austen), 129n10
Phénoménologie de la perception (Merleau-Ponty), 109n12
Philosophy of Existence (Marcel), 55n5
phronesis, 18
Picasso, Pablo, 134
Platão, 32, 102, 137, 174n3, 178-86, 193, 200, 267
Política (Aristóteles), 267n12
Principia Ethica (Moore), 227n3, 232n9
problema da falácia naturalista, 232
Protágoras (Platão), 178, 179

R

razão: como essência da natureza humana, 17-18, 82-87, 94-99, 152-55; propósito, 82-87, 124-25; *Ver também* autoconhecimento
reducionismo, argumentos contra, 15
relativismo, ético: comparado com o determinismo científico, 200-03; fundações do, 58-63; inconsistência do, 63-73
religião na ética, 13, 35-37
riqueza, 88

rufião/arma de fogo, exemplo de, 207
Russell, Bertrand, 197, 199, 199n1

S

saber *versus* fazer, 142-45
Samuel Johnson (Krutch), 176n4
Santo Tomás de Aquino, 121n7
Sartre, Jean-Paul, 134, 223n, 254, 255n3, 256, 259, 260, 263
saúde, analogia com, 100
Sceptical Approach to Religion (More), 201n2
Search, The (Snow), 49n2, 105
Selvagem/Controlador (personagem de Huxley), 231
sentimentos,
Ver emoções
Shaftesbury, conde de, 113, 115, 267
Snow, C.P., 48, 49n2, 105, 116, 116n3, 156
Sócrates: busca do autoconhecimento, 50-52, 94; Ormonde, comparação com, 171-75
Sound and the Fury, The (Faulkner), 253n
Stages on Sartre's Way (Champigny), 261n8

Stevenson, Charles L., 33n
subjetividade/objetividade, argumento da, 257-63

T

temperamento, 147, 185
temperança, 19, 147
Thompson, J. A. K., 137n1
tolerância e relativismo, 64-69

U

"universalizabilidade", 20-21
Utilitarianism (Mill), 227n2, 232n8
utilitarismo, 224-233

V

vaidade, 128-30, 158, 170
valores, julgamentos de: como livre arbítrio, 188-94; comparados com julgamentos factuais, 58-63; e determinismo científico, 200-03; e emoções, 123-27
valores/fatos, inseparabilidade, 245-50
Veatch, Henry Babcock: bibliografia, 23-29; exame da filosofia de, 13-22; principais dados biográficos, 13-15
vida divina, 96-97, 98n
vida examinada, *Ver* autoconhecimento
virtude como conhecimento (teoria de Platão): comparada com determinismo científico, 199-01; comparada com o argumento da ignorância, 178-87; *Ver também* virtude moral
virtude moral: como controle emocional, 19, 125-27; e erros emocionais, 112-19, 155-60; e felicidade, 101; e o argumento da subjetividade/objetividade, 257-63; e respeito próprio, 127-36; e sabedoria prática, 18-20; prática da, 20, 145-48; *Ver também* bem/bondade
vivendo inteligentemente: virtude moral, 149; definição, 17-18, 149; *Ver também* bem/bondade

W

Wedgwood, C.V., 117, 173n2
Wild, John, 121n7
Wille zur Macht, Der (Nietzsche), 224n1
William Brown (navio), 209, 213, 217

Coleção LibertyClassics

OBRAS JÁ PUBLICADAS

Política
Johannes Althusius

Democracia e liderança
Irving Babbitt

Cartas
Jacob Burckhardt

A lógica da liberdade — reflexões e réplicas
Michael Polanyi

Ensaios morais, políticos e literários
David Hume

A perfectibilidade do homem
John Passmore

Sobre a história e outros ensaios
Michael Oakeshott

Os limites da ação do estado
Wilhelm von Humboldt

Informações sobre os próximos lançamentos
topbooks@topbooks.com.br
www.topbooks.com.br
Telefax: (21) 2233.8718 / 2283.1039

LibertyClassics@LibertyClassics.com.br
www.libertyfund.org.br

Impresso nas oficinas da
SERMOGRAF - ARTES GRÁFICAS E EDITORA LTDA.
Rua São Sebastião, 199 - Petrópolis - RJ
Tel.: (24)2237-3769